為什麼布列塔尼的豬比人多？

用十道法國經典名菜，
從歷史背景、食材風土到地方文化，
解讀法國料理的起源與精髓

松嶋啟介

前言

在南法尼斯開餐廳是在二〇〇〇年十二月二十日。那天是我的二十五歲生日。決定尼斯的原因，或許是我的直覺。溫暖的氣候、清澈的藍天、美麗的海岸線及乾淨碧綠的海，沐浴在璀璨耀眼的陽光中，令人心醉神迷。熱鬧的市場店家陳列著來自山海的絕佳禮物，這景象讓我印象深刻，我的直覺告訴我，這塊土地將是帶領我進入嶄新料理世界的窗口。

不只風光明媚且食材豐富。另一個關鍵是尼斯從古至今皆為法國屬一屬二的國際城市。在恆長的歷史中，人來人往的各個民族在此交會，這也引起我很大的興趣。當我知道歷史和文化皆強烈地反映在尼斯的傳統料理時，我深受感動。常言「料理即為文化」，然而我在尼斯才第一次感受到此話真切的涵意。

為什麼海產豐富的尼斯也吃北歐的「鱈魚乾」？

一種名為「鱈魚乾」（stock fish）的傳統料理。它是將乾的鱈魚與豬肉做成的薩拉米香腸（salami，又做義大利香腸）與番茄、洋蔥、青椒（piment）、黑橄欖一起燉煮的料理。尼斯位於地中海沿岸，新鮮海產豐富。在這個環境中為何要使用鱈魚乾呢？最初就是從這個單純的疑問開始。鱈魚乾是斯堪地那維亞（Scandinavia）周邊最常使用的傳統食材，因此這是從那週邊特地運到尼斯的。只是令人感到不可思議的是這道料理使用的是西班牙的雪莉酒醋（Sherry Vinegger），而不是一般尼斯會使用以葡萄為原料的酒醋。

我非常想了解這個食譜到底隱含著什麼歷史背景，所以決定去查尼斯的歷史。

尼斯在十四到十八世紀，約四七〇年間屬於薩瓦（Savioe）公國，十九世紀屬於薩丁尼亞（Sardinia）公國，到了一八六一年編入法國，它有著複雜的歷史，可以說既屬於法國，同時又不屬於法國。當地說義大利文的人很多，這不單單是因為它鄰近國境而已，更因義、法兩國來往歷史已久，語言也是自家族傳承而來的。

史實記載，這個城市因地利之便而成為交易要衝，並因此繁榮。從斯堪地那維亞運送而來的鱈魚乾與尼斯出產的鹽，以物易物。同樣的，由此可推測雪莉酒醋跟番茄也是與西班牙交易而傳入的。

不只如此，薩拉米香腸的歷史可追溯至羅馬時期，至於橄欖及橄欖油則遠在希臘時代就傳入的食材。尼斯至今仍保有樹齡一千年以上的老橄欖樹是最好的證明。

鱈魚乾雖然只是一種魚料理的烹飪方式，卻可從中窺知尼斯各個民族交流史的背景，令我相當感動。我重新思考著如果不了解土地的歷史，就無法做出道地的料理。

從烤全小豬就可看出尼斯和義大利全然不同之處

與鱈魚乾相同，具尼斯歷史縮影的代表料理還有一個，就是烤乳豬（porchetta）。這是用出生兩個月大，還在喝母奶的小豬做成的烤全豬料理。此料理至今在義大利各地都有人做，但是以薩丁尼亞島（Sardinia）最為有名。後來，這道料理也傳入了尼斯，原因是它曾經歸屬於薩丁尼亞公國。

只是尼斯烤乳豬的方式與薩丁尼亞的完全不同。尼斯的作法是在烤之前將瑞士甜菜（Swiss chard）和松子塞入小豬的腹中，事先調味；而薩丁尼亞的作法則是烤過後用薄荷葉整個包覆，讓薄荷清爽的香氣入味至豬肉。

我認為這反映了尼斯的歷史。因為瑞士甜菜和松子源自於未併入薩丁尼亞公國前、曾統治尼斯的薩瓦公國。瑞士甜菜類似日本的小松菜，是尼斯日常使用的蔬菜。常用於沙拉、炒物，或是用於餐廳裡沙丁魚的鑲物（餡料），以及製成瑞士甜菜塔（tourte de blettes）。像松子也常用於沙拉，事實上尼斯有很多松樹。薩瓦公國的名字，源於拉丁語——Sapaudia，也就是松科的「松」（spin：冷杉）。說到這裡，就益發覺得興味富饒。

從豬肉「地方料理」來解讀法國料理

法國在悠長的歷史中，各個民族文化相互影響，組合成如馬賽克般複雜的國家。因此，此國的料理遠比只用「法國料理」一詞帶過還要複雜。

若要定義「法國料理」，我認為它是「地方料理的綜合體」。因此，可以整理出兩個構成要素：各個地方料理受氣候風土影響的地理背景，與從「鱈魚乾」及「烤乳豬」可看到異文化交流的歷史背景。

所謂地方（pays），在日本是指有中央行政中心的鄉村，然而，歐洲大陸因為互相連接，沒有行政等級，全部的地方都可以視為擁有個別特點的「中央」。

我以此觀點，長達數十年以上，以尼斯為主軸在法國各地旅行，因而有許多有趣的發現。我想把這些分享給更多人知道，因此寫了這本書。

在思考如何淺顯易懂地說明法國料理是「地方料理的綜合體」之時，腦海中首先浮出的就是「豬肉」。豬肉是法國境內都能吃得到的食材。然而，同樣以豬肉為食材，不同地方所搭配其它的食材、香料以及料理方式卻全然不同。這裡列出法國境內十個代表性地方，從解說豬肉做成的地方料理中，清楚看到各地方的特色。

可以邊享受旅行的氛圍；邊沉浸在貼近土地氣息、探索法國料理的歷史與文化的香氣中，對我而言是非常幸福的。

松嶋啟介

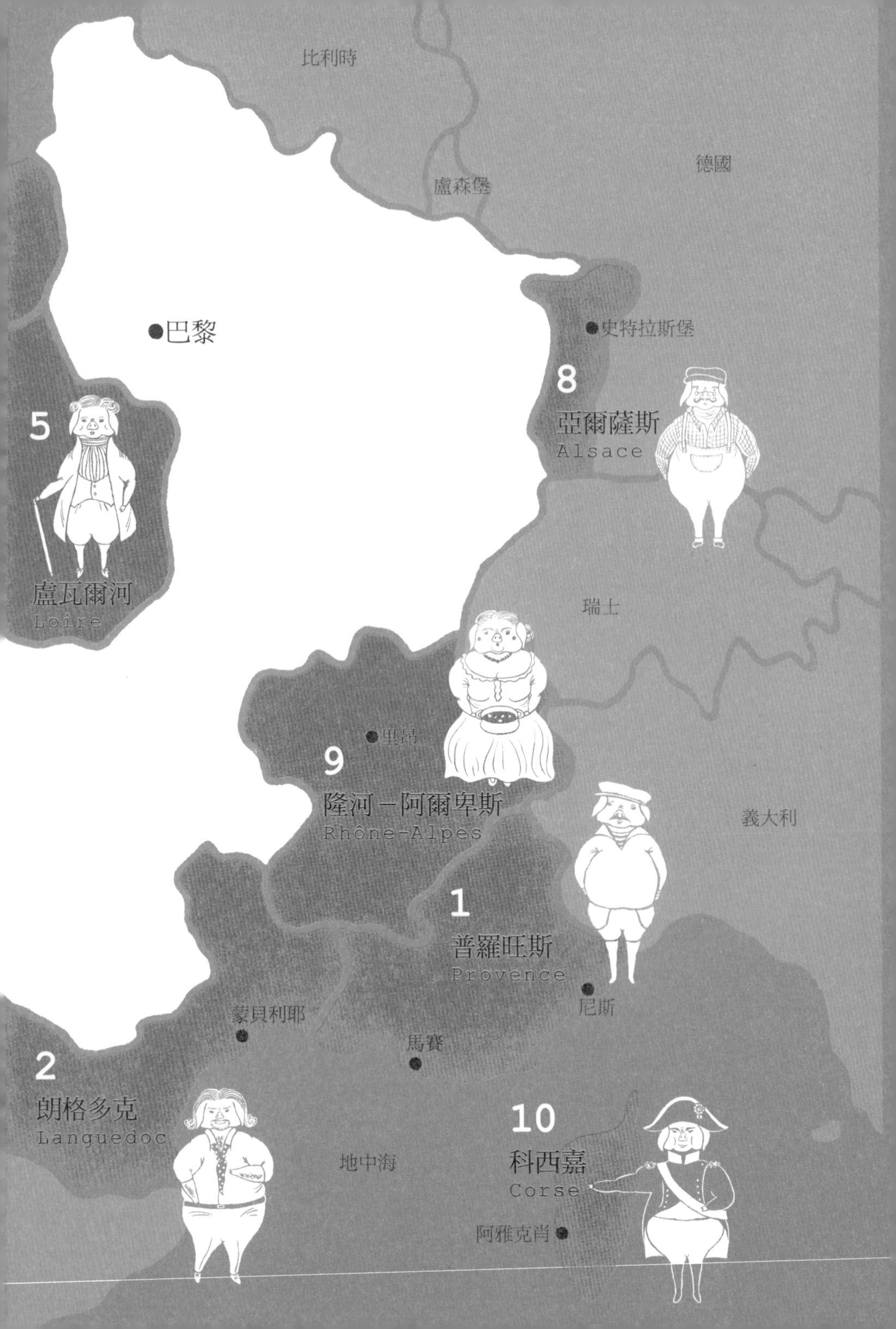
比利時
德國
盧森堡
巴黎
史特拉斯堡
8
亞爾薩斯
Alsace
5
盧瓦爾河
Loire
瑞士
里昂
9
隆河－阿爾卑斯
Rhône-Alpes
義大利
1
普羅旺斯
Provence
尼斯
蒙貝利耶
馬賽
2
朗格多克
Languedoc
地中海
10
科西嘉
Corse
阿雅克肖

十個本書所列的地方

Carte de France

1 普羅旺斯

Provence

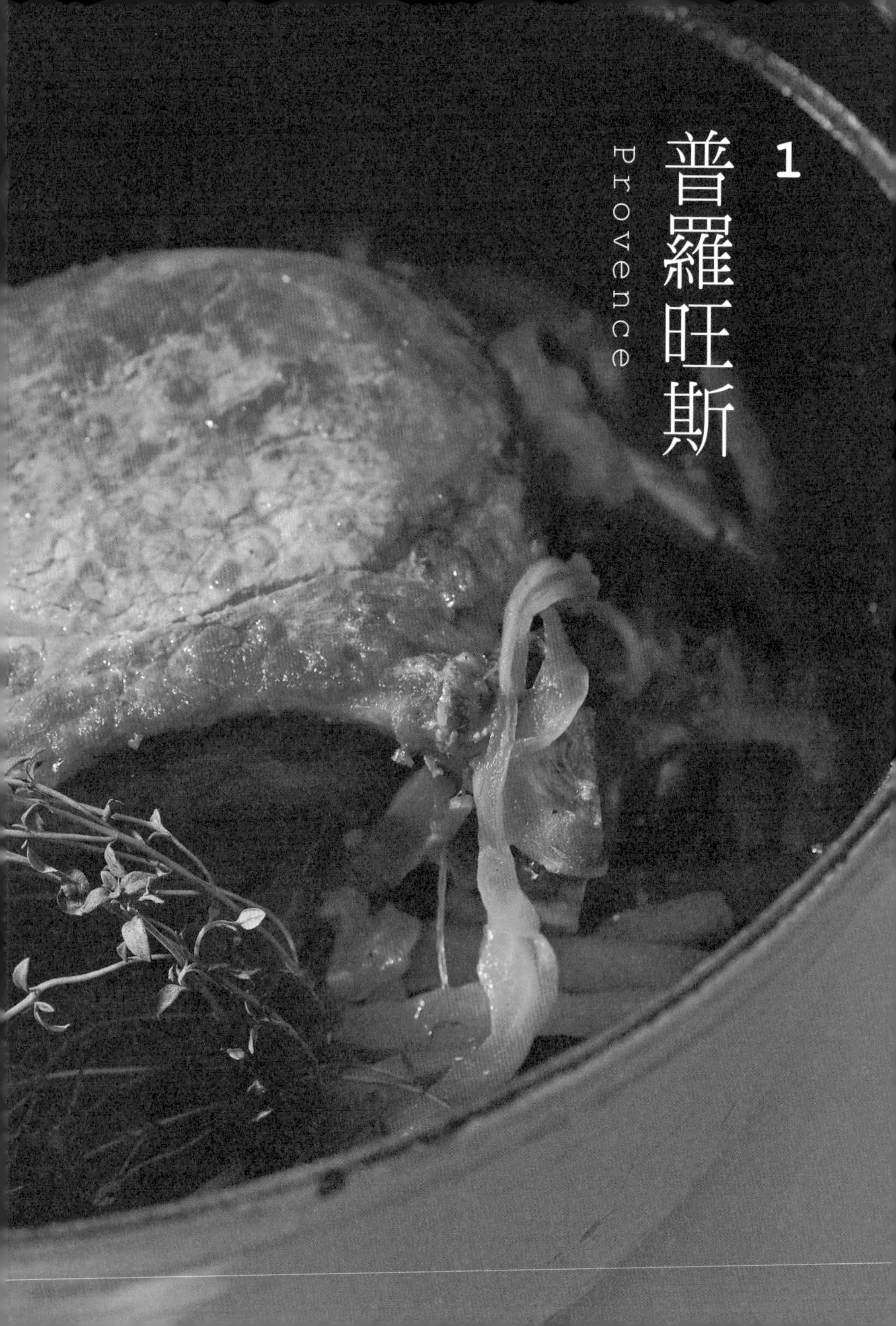

普羅旺斯風嫩煎豬肉

Sauté de porc à la provençale

recipe_P.034

2 朗格多克
Languedoc

卡蘇雷砂鍋
Cassoulet
recipe_P.050

3 巴斯克

Basque

巴斯克風油封豬肉

Confit de porc à la basquaise

recipe_P.072

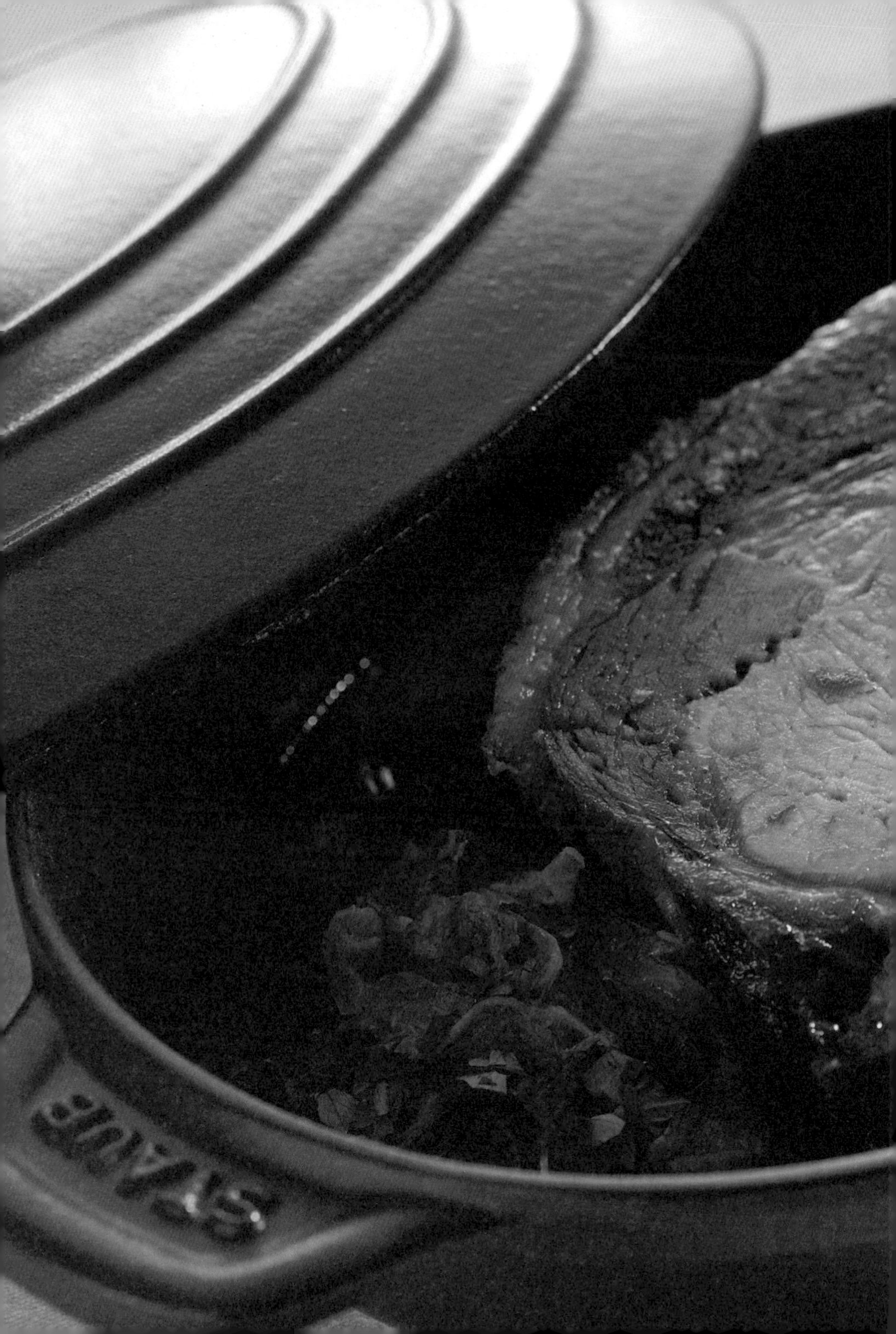
STAUB

4

波爾多
Bordeaux

波爾多風烤豬佐嫩煎牛肝菌
Rôti de porc, Cèpes sautés à la bordeaulaise

recipe_P.094

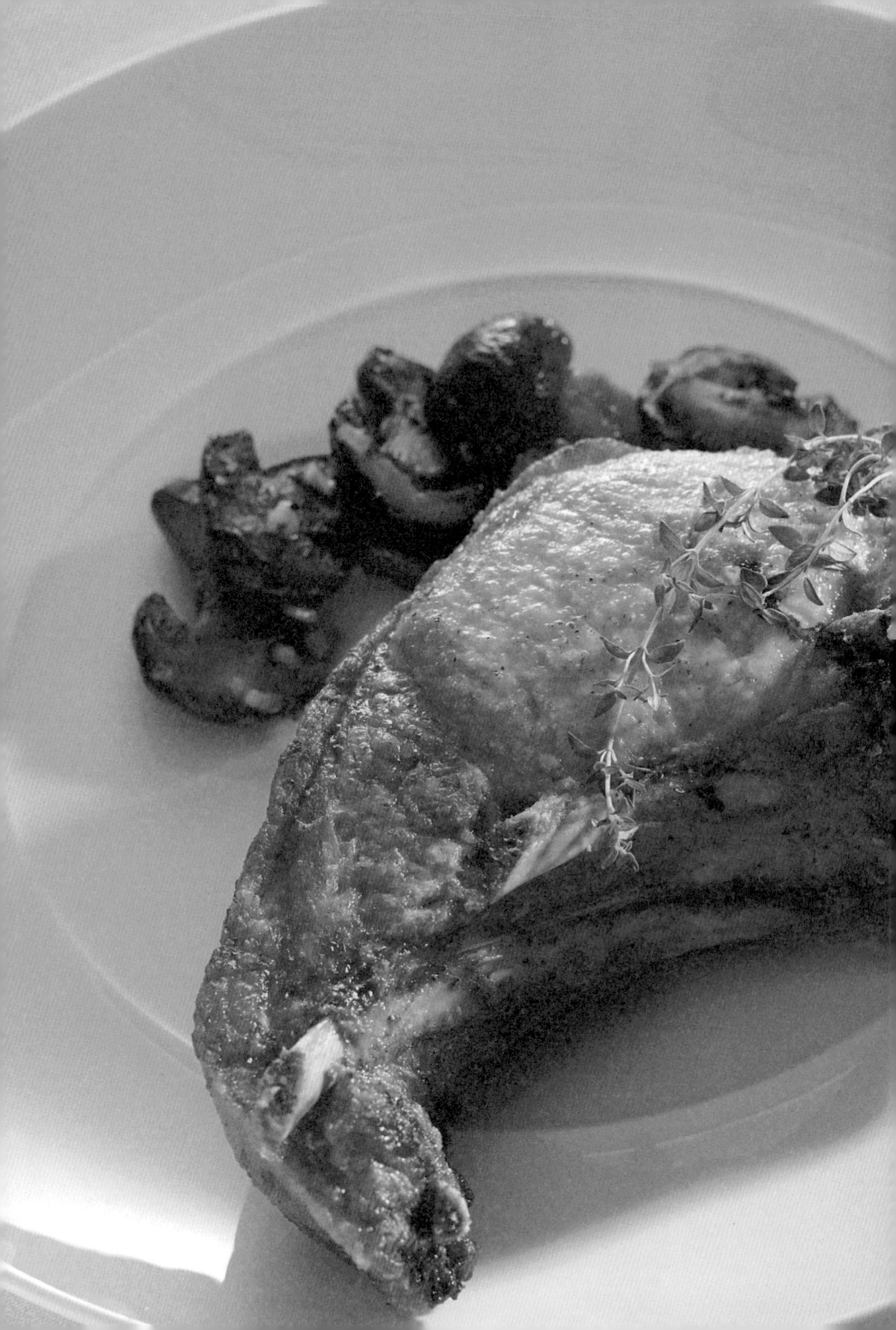

5 盧瓦爾河

Loire

熟肉醬

Rillettes

recipe_P.112

6 布列塔尼

Bretagne

布列塔尼風蔬菜燉肉鍋
Kig ha farz (Pot-au-feu breton)
recipe_P.128

嫩煎豬肉佐蘋果
Sauté de porc aux pommes
recipe_P.144

7 諾曼第 Normandie

8 亞爾薩斯 Alsace

皇家酸菜燉豬肉
Choucroute royalle
recipe_P.160

9 隆河－阿爾卑斯 Rhône-Alpes

豬頭肉凍
Fromage de tête
recipe_P.182

10 科西嘉 Corse

豬肉鑲物佐栗粉製可麗餅
Médaillon de porc farci aux blettes et au brocciu, Crêpes à la farine de châtaigne
recipe_P.200

目錄

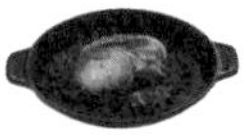

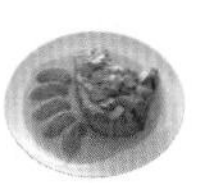

普羅旺斯 1

——傳自希臘和羅馬的飲食文化

Provence

明朗

普羅旺斯風嫩煎豬肉

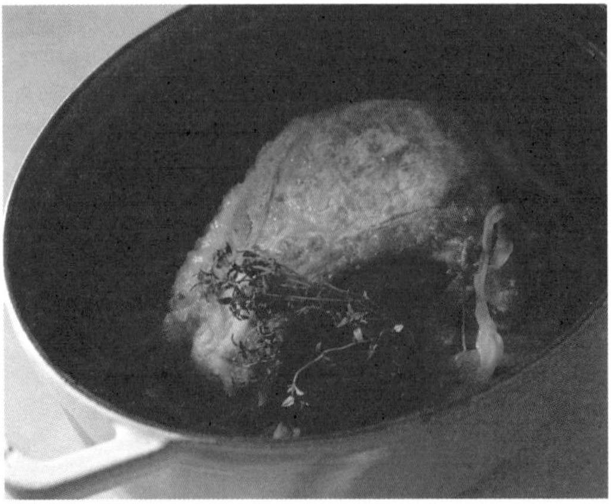

Sauté de porc à la provençale

豬肉以橄欖油嫩煎至金黃色後取出。
同鍋中，將大蒜與蔥以小火慢炒，直到帶出香味，
接著將青椒、切成塊的番茄，依序放入嫩煎。
加入白酒熬煮，再放入黑橄欖、百里香、胡椒等，
將番茄煮到軟爛，並收乾。
最後再將豬肉放回去，讓醬汁入味。

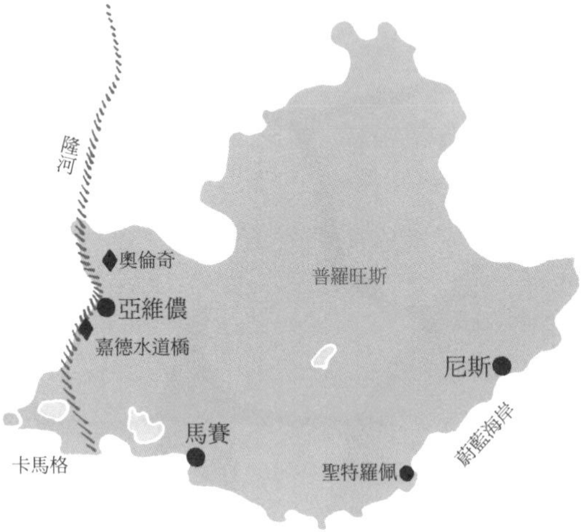

「南法熱」的起始地——普羅旺斯

一聽到普羅旺斯，腦海所浮現的風景會是畫家保羅・塞尚所描繪的聖維克多山（Montagne Sainte-Victoire）？一望無際、相連至天邊的紫色薰衣草田？抑或是高級度假勝地聖特羅佩（Saint-Tropez）的遊艇碼頭？

日本人最熟悉的是英國作家彼得・梅爾（Peter Maye）的散文《山居歲月：普羅旺斯的一年》（*A Year in Provence*）。彼得・梅爾原來是活躍於倫敦廣告界的專職文案，之後轉為作家。他在幾次於普羅旺斯休假時愛上這個地方，所以決定移居。我能了解對生活在天空總是烏雲密佈的倫敦居民而言，普羅旺斯有著湛藍的天空、涼爽的風、悠閒的時光及舒服自在的鄉間空氣，是何等的魅力！

我曾在東京的法國料理店工作兩年，之後赴法各地鑽研料理。在我踏上普羅旺斯那刻，對於美景與祥和的人們，也跟彼得・梅爾一樣，覺得怎麼會有如此棒的地方，並感到心醉神迷。彼得・梅爾在普羅旺斯買了一間有兩百年歷史的石造屋，開始在那裏生活。他將普羅旺斯美麗的大自然變化、豐富的物產、富變化的各種料理及跟當地人們溫暖的交流，以生動的筆觸寫成散文，隨即榮登百萬暢銷書。普羅旺斯的生活型態因此人氣登高一呼，並在全球刮起一股南法熱。

當然，熱愛此地的並非只有彼得・梅爾。之前還被畢卡索、梵谷、高更等著名的藝術家所青睞，許多的名畫都在此誕生。以小說《異鄉人》（*L'Etranger*）聞名的作家阿爾貝・卡謬（Albert・Camus）更以此為長眠之所。

南法料理＝「太陽料理」之誤解

一提到普羅旺斯料理，大家就會馬上聯想到類似普羅旺斯燉菜（Ratatouille），有番茄、櫛瓜、茄子及甜椒等色彩豐富的典型「太陽料理」。只是若回溯歷史就會發現這些「太陽料理」實際上是後來的產物。原因是，番茄是大航海時代哥倫布從美洲大陸發現後帶回的，並開始傳入歐洲，實際使用是十八世紀以後的事。

其實普羅旺斯料理的起源是由橄欖油、橄欖及白酒組合而成的。本章開頭所介紹的豬肉料理也是充分使用這三種食材。行駛在普羅旺斯的道路上，映入眼中的風景勢必是蔥鬱的橄欖樹和葡萄園。此料理可以表現出那般風景，是非常具普羅旺斯風味的料理。橄欖及葡萄酒從古希臘羅馬時代就已生根於普羅旺斯。

在探索普羅旺斯料理的起源方面，就歷史上重要的都市而言，我在前言介紹過的根據地有：尼斯、馬賽（Marseille）和亞維儂（Avignon）。

我們就來回溯一下歷史吧。

馬賽是在大約在西元前六百年由希臘的船員發現的天然良港。此後馬賽成為貿易的據點，也為此地帶來富足與繁榮。此外，馬賽的名字源自 Massalia，是「殖民地」的意思，也有「製鹽人們的聚落」之意，由此不難想像「鹽」是馬賽交易的重要特產。

這裡提到的鹽是指位在馬賽東側的卡馬格（Camague）出產的鹽。卡馬格是指隆河（Rhône）擴展至地中海的三角洲地帶。此處有廣大的溼地，為著名的觀光勝地，以大紅鸛的棲息地聞名。

此處的沿海一帶有多重海水的潟湖，將海水蒸發後可以採取到鹽。由於雨水少，日照時間又長是所謂的地中海型氣候，所孕育的天然海鹽，至今仍遵循古法製作。卡馬格受惠於水和土壤，不須精製就可以擁有美麗又潔白的鹽。而且，富含鎂、鈣、鉀等礦物質及美味。這是我在尼斯的餐廳不可或缺的重要調味料。另外，卡馬格也是普羅旺斯地方唯一可以栽種稻米的地方。

有件事讓我對卡馬格的鹽印象深刻。那是二〇一三年，我去科西嘉島旅行時發生的事。因為我的朋友在科西嘉的北側，名為穆拉托（Murato）的山裡養豬並製作生火腿，所以我去見習。生火腿須以鹽醃漬然後作乾燥處理。當我詢問使用什麼鹽時，答案竟然是卡馬格的鹽。我想不到四周臨海的科西嘉竟然會使用普羅旺斯的鹽。而且若以距離而言，科西嘉反而是跟義大利的海港城市熱那亞（Genova）比較近。因此，我感到相當意外。

馬賽從以前就盛行貿易，另外，馬賽還有科西嘉人居住的區域。在旅行途中，真沒想到因為卡馬格的鹽，而體驗到以地中海為舞台的人、事、物之間的交流。

雖然靠海卻不吃鮮魚的普羅旺斯人

我們再回到歷史這個話題。

希臘人之後，羅馬人開始對普羅旺斯實施殖民地化，並陸續建設都市。當時的遺跡：加爾東（Gardon）河（嘉德〔Gard〕河）的嘉德水道橋（Pont du Gard）或奧倫奇（Orange）的古羅馬劇場、凱旋門等都還保留至今變成觀光勝地。普羅旺斯的名字就是從羅馬的「Provincia（省）」而來的。

由此可見，普羅旺斯是受希臘和羅馬影響很深的地方。當然在飲食文化上也保有其濃烈的色彩。此地的橄欖及葡萄也是由這兩個地方傳來的，而這些傳統在二〇〇〇年後的今天仍脈脈相傳。

羅馬人殖民以後，法國陸續被法蘭克人（Frank）、歌德人（Goths）、諾曼人（Norman）等日耳曼民族及阿拉伯人攻陷侵略。為了保衛自己，普羅旺斯人想了一個對策。他們在陡峭的山崖頂上密集地建造房子，也就是所謂的「鷲巢村」。正像是鷲為了保護蛋及雛鳥而築巢於山頂或懸崖頂上一樣，所以有此稱號。據說蔚藍海岸周邊大約有一千個這樣的房子。「鷲巢村」的房子全部向南。這是為了躲避普羅旺斯的特產——「密史脫拉風」（Le Misteral），即寒冷又乾燥的西北風所想出的方法。

普羅旺斯因為面向地中海，居民可能會讓人有常吃海鮮的印象，但實際上，從「鷲巢村」的例子可以知道當時的人們為了保護自己，皆離海而遠居山上。當時的人們所攝取的蛋白質來源，就像前言說過的是鱈魚乾、豬肉、羊肉等，而非新鮮的魚肉。普羅旺斯被描繪成「太陽與海」之地，但溯源歷史後，卻也從飲食習慣中發現意外的事實。

普羅旺斯料理大革新的契機

接下來，普羅旺斯的歷史一口氣來到十四世紀，料理文化的交流發生了重大事件。也就是世界史課本所記載羅馬教廷遷移至南法，大家熟知的「亞維儂之囚」事件。

十四世紀初選出的新教皇不是義大利人，而是波爾多出生的法國人。他是克雷芒五世（Clement V），在里昂就任教皇。此次遴選的背後有法國國王腓力四世（Philippe IV le Bel）強大的政治力介入。十一世紀的歐洲，教皇有絕大的權力，然而，十字軍失敗後，進入十二～十三世紀時，國王的權力就變得比教皇強大了。選出教皇克雷芒五世就是腓力四世干涉的結果，最後還宣示了教廷不回羅馬，而改遷移至亞維儂。此後近七十年一直到一三七七年都是如此。

這個史實讓廚師關注的是，羅馬的飲食文化傳至普羅旺斯重新扎根。實際上這可以從現代所傳承下來的料理推測出來。

例如，「紅酒燉牛肉」是法國處處可見的料理。葡萄酒釀造地勃根地及波爾多都有。當然普羅旺斯也有。只是，普羅旺斯的紅酒燉牛肉，有別於其它地方，是同時使用培根與黑橄欖的；勃根地及波爾多都只使用培根，沒有黑橄欖。跟普羅旺斯一樣兩者都使用的地方竟然是羅馬。

乍看沒有什麼變化的燉肉料理，深入了解它所使用的食材就可以發現其呈現了兩千年以上的歷史。因此，我認為身為廚師，有責任深入理解文化遺產，將其傳承至未來。

豬肉、野味（gibier）、黑松露

——羅馬教皇帶來各式各樣的飲食文化

本書以豬肉作為解讀法國料理的一個線索。有關豬肉的傳統加工技術有兩個系統：一種是「乾燥加工法」，另一種是「加熱法」。前者被義大利人所使用，後者則是德國人在使用。普羅旺斯周邊所承襲的，是地理位置較近的義大利式乾燥加工法。

不管哪一種，在沒有冰箱的時代，都是運用了豬肉保存知識所發展的技術。當時，可以吃到豬肉上等部位的只有王公貴族及神職人員等有權力之人，庶民只能吃剩下的部位。這樣看來，普羅旺斯周邊現存的豬肉加工法並非庶民，而是由權力人士所傳襲下來的，也就是可能由像教皇那樣的權力者從義大利傳過來，是在亞維儂之囚時代就有的加工法。

再者，亞維儂周邊非常盛行狩獵鹿和野豬，餐廳也以可吃到好吃的野味聞名。我想這也

是在亞維儂之囚時代由羅馬傳過來的飲食文化。如今被列為聯合國世界遺產的亞維儂教皇宮，牆壁上還有不少描繪狩獵景象的圖畫。由這點可以看出此地存在的狩獵文化，深受教廷的影響。

因為亞維儂周邊是知名的黑松露產地，光是想像教皇的餐桌上是否出現黑松露佐野味這樣的料理，都會感到興奮。普羅旺斯的黑松露素有「黑色黃金」（or.noir）之稱。法國的松露有八成都是採收自此，遠遠超越著名的產地——佩里格（Périgord）。

紅酒當然也是從羅馬流傳過來的。亞維儂周邊有名的葡萄酒——「教皇新堡」（Châteauneuf-du-Pape），由其名字「教皇的紅酒」就可以看出端倪。

普羅旺斯的歷史與地理所孕育的名產

到目前為止，如我們所見，普羅旺斯料理的起源可以說是兩千五百年以前的古希臘，之後是羅馬。其中，若提到普羅旺斯至今仍在使用的歷史食材，就是「斯佩爾特小麥」

（épeautre）。英文叫做「spelt」；義大利文叫「farro」，一種古代小麥。因為稱作「古代」，舊約聖經中也出現過，這段歷史竟可回溯到九千年前。據說是從古埃及流傳到歐洲，在西元前五百年，成為羅馬的主要穀物。

斯佩爾特小麥不會被土壤或氣候等條件左右，不論在哪裡都可以旺盛地生長，因此在中世紀及文藝復興時期的歐洲是最一般的穀物。然而現今的法國只剩普羅旺斯還有生產。其富堅果的香氣，常使用於義式燉飯（risotto）及麵包中。營養價值雖高，但是可能因為加工費時費力，所以不受歡迎吧。這樣失去流傳已久的傳統，實在非常可惜。

乳酪的話，以山羊乳酪為主流。以栗子葉包起來的「巴儂乳酪」（Banon cheese）最為有名。這樣做據說是因為葉子含兒茶素（Catechin），具殺菌作用，且有保濕效果。在日本，柿葉壽司的柿葉及竹葉丸子（笹団子）的竹葉，或許也有同樣效果。

再者，普羅旺斯終年氣候宜人，因此開滿了各種花卉。這些花通常用來製作香水，因為要採花蜜，許多蜜蜂會聚集，因此，可以製作許多蜂蜜。蜂蜜和蛋白再加上普羅旺斯特產的杏仁或杏桃等果乾製成牛軋糖，就是普羅旺斯的傳統點心。其他還有橙花香味的「馬賽船型餅乾」（Navette de Marseille）等許多取材自當地食材的點心。

另一個提到普羅旺斯食材不能漏掉的就是各種香草。因為溫暖的地中海型氣候與排水良好的石灰質土壤，孕育了許多香草。我從店裡開往郊外，看到處都有各種野生的香草，就一定非採不可。薰衣草、百里香、迷迭香、羅勒、月桂、香薄荷（savory）、一串紅（Salvia splendens）、茴香、馬鬱蘭（marjoram）、鼠尾草（sage）……種類豐富。廚師常會搭配香草來做料理，但我卻不怎麼混和使用，通常就是簡單用百里香佐魚或肉。

常被問到要用多少來提味會比較好，我認為這跟香水的道理是一樣的。有人喜歡濃烈的香味，也有人喜歡淡雅的味道，因此，這是喜好的問題。真要說的話，既然要使用香草，與其說為了增強香氣，我更喜歡使用它來讓味道濃淡有變化。

我認為「食材加工時，要把土地的風味融入」是廚師的工作之一，香草或是香料都是非常重要的元素。

馬賽魚湯是怕麻煩的人發明的綜合雜煮

說到香料，最具代表普羅旺斯風的就屬番紅花（saffron）了。這種花屬於鳶尾科，其特徵是將雌蕊摘下後溶於水中，就可以染出美麗的金黃色。番紅花據說是地中海交易時傳入馬賽港的。使用番紅花最有名的普羅旺斯料理就是馬賽魚湯。馬賽魚湯（Bouillabaisse）的名字據說就是由「噗通噗通煮著」（bouilly）與「就那樣做」（laisser）兩個字合成的。直譯為「噗通噗通持續煮著」。

這就是料理馬賽魚湯的精髓。不是只有煮成混濁狀而已，而是要咕嚕咕嚕地一直煮，直到引出味道才行。法國料理的名稱通常藏有其奧義，因此，我認為廚師應該把語言學好。

據說馬賽魚湯的由來是漁夫把賣剩的魚放入鍋中燉煮。骨頭比較少、味道較好的魚則送至市場販賣，自己吃的盡是骨頭較多的魚，或是不得不剝殼的蝦、蟹等。因此，將這些東西全部放入一起煮爛，再品嚐湯的味道。我認為這是此料理最初的構想。要如何處理魚而不麻煩又好吃，並且吃得經濟實惠，考量的結果就產生了這道料理。

此料理是觀光的熱門商品之一，然而把它當作高級料理的卻是馬賽。一九八〇年，馬賽的廚師們為堅守馬賽魚湯的傳統與料理水準，制定了「馬賽魚湯憲章」。如同制定葡萄酒與食品原產地名稱制度的法國人，此憲章的條文規定得非常詳細。例如，食材必須是棘綠鰭魚（Chelidonichthys spinosus）或是鮟鱇魚（Lophiiformes）、馬頭鯛（Zeus faber，又作多利魚）、褐菖鮋（Sebastiscus marmoratus，又稱石狗公）、石頭魚（Inimicus japonicus，或作虎魚）等馬賽近海可捕獲的魚，最少四種以上入菜。另外，規定鯛魚、比目魚、龍蝦（homard）、淡菜、章魚、烏賊等不能入菜。魚需個別調理，快速煮約十五～二十分鐘，端給客人時，還規定「先將魚從鍋中取出，與湯分別裝在大盤子中，端至客人桌上。先提供湯讓客人享用味道，然後在客戶面前將魚切開」的服務方式。

像馬賽魚湯這樣的海鮮燉湯，在法國北部的布列塔尼也有，稱為「布列塔尼魚湯」（Cotriade）。但是，不使用番紅花而是以加入鹽味奶油的作法為主流。經過時間的洗禮，料理的定位和精緻度會改變；而隨著空間改變，調味和料理方法也會有所變化。

朗格多克 2

——法國完食鴨肉之地

強健

Languedoc

卡蘇雷砂鍋

Cassoulet

把洋蔥、青蔥炒後加入番茄，
將白扁豆、豬肉香腸及油封鴨、羊肉一起燉煮。
最後撒上麵包粉，再烤得香酥就完成了。

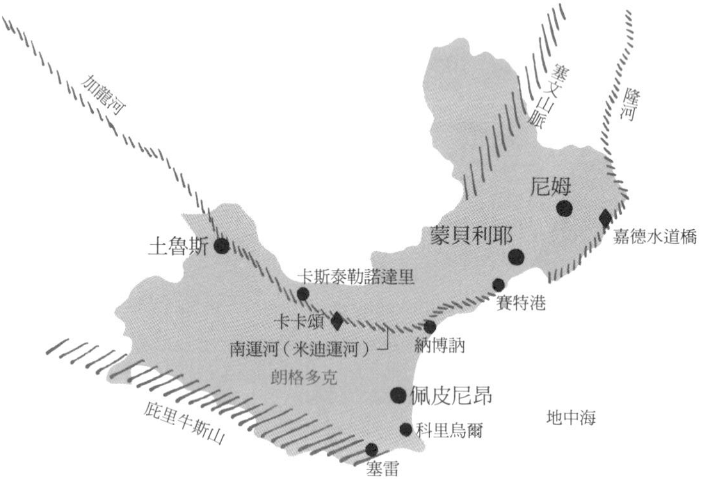

認識法國料理的啟蒙

我能成為法國廚師的原因，是拜我的師父——酒井一之所賜。如果沒有遇見我的師父，我或許就不會離開日本，來到法國了。當我還是專科學校的學生時，曾經到師父當時在涉谷的店「Le Vincennes」諮詢。那時雖然是初次見面，我就問他：「料理工作最艱辛、痛苦的地方是什麼？」

「因為做的是自己喜歡的事，從來就不覺得千辛萬苦。」師父的回答決定了我的一生，並不為過。恭聽此言之後，我決定要以「法國料理廚師」做為人生的志向，並拜師學藝。從那時開始，我們的師徒情誼長達十六年之久，人與人之間的相遇真是非常不可思議的事。

另一個原因是，我有了一個赴法的契機。那是名為《探訪法國料理的起源》（同朋舍出版）、相當厚實的一本書。此書的監譯者（監修翻譯）是我的師父。書中以美麗的彩色圖片介紹了法國各地的食材、料理與風景，並詳細解說歷史及氣候風土。透過這本書我才知道介紹食材及作法的食譜或許只有短短一頁，但其背後蘊含著偉大的歷史及蓬勃的氣候風土，還有深奧的文化累積，讓我對法國料理的深度感動莫名。

我深刻地體會到，不能侷限於以法國料理廚師為職志，只學習食材相關的知識和製作方式而已，而是必須全面性地學習料理的生成時代背景，以及土地的氣候、風土等。如果單以自己的想法，只是將食材和調味料、香料等組合搭配的話，就像只是無根的草那般沒有依據的料理而已。料理關乎家族、土地，還有國家，這些都是值得思考與研究的。我非常想知道料理背後的源由和故事，因此，二十歲的時候我去了法國。

鴨肝（Foie gras）的名產地——朗格多克是「鴨食」之地

我在法國修業期間，選擇西南法作為修業的地方。西南法是指朗格多克地方、盧昂地方、加斯科尼（Gascogne）地方。選擇西南法的理由是第一、日本人較少，因此可以在最短的時間內學會法文，另一個理由是，我喜歡鴨肉及鴨肝等西南法的食材。

在這裡我找到了修業的餐廳——「l'Auberge du Bergerayre」。這是由在土魯斯開設米其林二星餐廳「Michel Sarran」的老闆——米歇兒・薩朗（Michel Sarran）的媽媽皮埃雷特（Pierrette）所經營的餐館（Auberge 是指飯店和餐廳）。我從米歇兒和皮埃雷特那兒學到好多地方料理和家庭料理。皮埃雷特更是把我當兒子般疼愛，遺憾的是她已經過世。這裡對我而言有著像根基般重要的意義，猶如我在法國的第二故鄉。米歇兒就像我兄長那般的存在，我在尼斯開店時，他給了我許多寶貴的建議。

這個地方最令人驚訝的是對鴨肉的食用量很大，好像永遠都吃不夠似的。這一帶是鴨肝的產地，因此養了很多鴨。早上起來就吃麵包抹奶油及鴨肉抹醬；午餐是油封鴨腿（以鴨油去炸的料理），然後晚餐是嫩煎鴨胸肉……。日復一日，每天都在鴨肉料理中度過。一開始，我也覺得很好吃，美味又開心地吃，但是畢竟每天只吃鴨肉，我終於厭倦了。所以，偶爾不吃時，還會被投以無法理解的表情說：「你為什麼不吃？這麼好吃耶……」

土魯斯的橄欖球隊（Rugby team）以實力堅強聞名，那麼強而有力的來源，我想應該跟大量食用鴨肉脫離不了關係。眾所皆知，鴨肉是高蛋白質、低脂肪，且富含維他命的食物，因此，可以理解當地人的身材都相當結實，而且體格也相當好的原因。

鴨（鵝）肝是將鵝或鴨的肝臟養大製作而成的。這個起源要追溯至古埃及文明。由於野生的鵝和鴨每年都要過冬，他們會從極為寒冷的斯堪地那維亞來到溫暖、肥沃的尼羅河沼地。埃及人發現這些鳥類的肝臟比普通來得大，而且非常好吃。這是因為候鳥在準備長途旅行之前會大量進食，以儲備養份。據說從此有了製作鴨（鵝）肝的習慣。

朗格多克是鴨肝的產地，其背後的原因是炎熱的氣候有利於製作鴨飼料的玉米大量收成。另一方面，埃及人以無花果餵食鴨隻，在羅浮宮仍可看見墓碑的浮雕中出現餵食的畫面。以無花果餵食養肥的鴨（鵝）肝會被做成什麼樣的料理，並呈現在埃及皇室的餐桌上呢？光是鴨（鵝）肝就可以回到五千多年以前的古代世界，讓我深切地感受到「料理即是文化。」

「鴨食」文化衍生出的名料理——卡蘇雷砂鍋

鴨肝取完後的鴨肉是朗格多克自製食物保存的貴重食材。將鹽醃製過的鴨腿肉，使用鴨油，用低溫慢慢加熱。為使其不凝固，必須使用低溫。將肉放入壺中，再倒入鴨油，使其滿滿地到壺口。以油浸泡（油漬）的方式，可以阻斷空氣、預防氧化。像這樣的油漬食物，稱為「Confit」（油封）。順帶一提，雖說是壺，但其實不是想像中那麼小的容器。而是可以放入三十根鴨腿、像裝紹興酒的甕那樣大的茶色壺。現在，不只在餐廳，鄉間的家庭也都會做這道料理，必要時取出烤一下就可以吃了。壺裡的油當然不會留下來，炒東西或做其他料理時就會用掉了。因為夏天就會吃完，所以，到了夏季看到這一帶的居民庭院裡放置著晾乾的空壺，也不足為奇。

油封鴨被廣泛用於料理之中，其中最能代表朗格多克燉煮料理的是「卡蘇雷砂鍋」。這道料理有各種不同的作法，但基本上就是使用白扁豆、番茄及肉類。為了帶出肉質的美味，使其鎖入扁豆之中，必須慢慢地燉煮到肉類柔軟。這種燉煮所使用的砂鍋，就叫「卡蘇雷砂鍋」（Cassoulet），而料理就連同鍋子上桌，因此，就把這道料理直接取名為「卡蘇雷砂鍋」。一般卡蘇雷砂鍋所使用的白扁豆種類為「Phaseolus vulgaris L」。而庇里牛斯山的塔布（Tarbais）所生產的白扁豆——Haricot Tarbais，以品質優良聞名。因此，使用塔布豆的卡蘇雷砂鍋是很高級的料理。

卡蘇雷砂鍋的起源，眾說紛紜。有一說是阿拉伯人在十七世紀將白豆的栽培方法傳入，並教導此豆與羊肉的燉製方法，因而產生這道料理的作法；另一個說法是白扁豆原產於中南美，因此，是發現美洲大陸後才有卡蘇雷砂鍋的。不管怎麼說，我想是受到阿拉伯人（伊斯蘭教徒）當時常常對歐洲發動攻擊的影響，才因此產生卡蘇雷料理的原型吧。

朗格多克地方製作卡蘇雷砂鍋的城鎮，以卡卡頌（Carcassonne）、卡斯泰爾諾達里（Castelnaudary）以及土魯斯為代表。他們各自主張自己的料理方式與其它地方不同，並認為「自己才是卡蘇雷砂鍋的發源地」，誰也不讓誰。這或許就像以日本來說，關東和關西的日式牛肉火鍋風味不同吧！其製作過程與調味方式也不同，但是外國人看起來就同樣是「牛肉鍋」，會認為是同類的料理。

這幾個城鎮的卡蘇雷都會以鴨肉入菜，這是最基本的。卡卡頌通常會再加入羊肉；卡斯泰爾諾達里則加入豬肉。另外，土魯斯最特別的是加入了「土魯斯香腸」，這是一種用土魯斯風味辛香料來提味的香腸。

或許因為這一帶是連結東西方交通的要所，來自各地的羊肉、豬肉，融合當地風俗，將鴨肉、豬肉、羊肉入菜，而產生卡蘇雷料理。一想到此，就覺得從歷史的角度來看朗格多克的飲食文化，真是相當有趣。

卡蘇雷是極致的真空料理？

前面說過油封鴨是可以保存一段時間的食物，其實卡蘇雷本身也是。

這是因為卡蘇雷是需要慢慢燉煮的料理，費時又費工。如果每次用餐都要做一次，會很麻煩。因此，燉製時都會多做一點起來，沒吃的部分放涼後，會再分裝至玻璃瓶。肉也會一併放入，蓋上蓋子，使其真空，如此就可以長時間保存。要食用時，就把玻璃瓶的內容物倒入鍋中，撒上麵包粉，再放入烤箱烤到香酥，隨時都可以熱熱地吃。說起來真的是相當完美的真空食物。從這種保存方法中，就可以看到法國人理性的思考方式。

當然，為了那些想更方便食用的人，法國的超商也有賣內有卡蘇雷的現成玻璃瓶，消費者可以選擇自己喜歡的味道，用家裡的烤箱烤一下就可以吃了。

在日本，像卡蘇雷這樣溫熱燉煮的料理，大家或許會覺得應該是寒冷季節才吃的食物，然而，在朗格多克卻是終年，連仲夏之季都吃得到的料理。在夏天喜歡吃豆腐冷麵的日本人看來，可能因為太濃膩而排斥的料理，對朗格多克人而言，卻可說是他們的靈魂料理。

鴨不只有肝臟和腿肉，其他部位也都會被食用殆盡。鴨翅油封後，可以做成肉醬；可以做成碎肉，也可以和洋蔥或紅蘿蔔、馬鈴薯等蔬菜一起燉煮，做成「豬油鴨肉捲心菜濃湯」（Garbure）。鴨胸肉做成油封的話很浪費，因此，通常直接烤過食用或塗抹胡椒鹽後，使其乾燥，做成鴨胸肉薩拉米[1]。將其當作餡料，做成香腸食用。我所修業的餐廳將鴨胸肉塗抹胡椒鹽後，就將其裝入絲襪般的袋子，吊在天花板上風乾。因為肉的脂肪會自然滴下，因此常常需要擦拭地板。

將富含珍貴蛋白質來源的鴨肉徹底食用，是朗格多克的文化。

從潟湖到峽谷，包山包海的朗格多克地方

朗格多克因為是「鴨食」之地，這篇開頭已描述過關於鴨肉的事，現在來說一下此地的地理、歷史和觀光精彩之處。

最初，「朗格多克」的意思是「說奧克語的地區」。奧克語在中世紀時，用於大西洋到地中海、庇里牛斯山脈到阿爾卑斯山的南法一帶，在法國中央集權化後，已經沒有再使用了。朗格多克地方是使用奧克語區域的中心，一直以來的首都是土魯斯。現在的行政區分則

1 譯註：原文是義大利文 salami，是一種將牛肉和豬肉混合，加入鹽、紅蘿蔔和肉桂等風味調味，用低溫烘乾而成的香腸。保存期限長。

將土魯斯劃分為隸屬南部－庇里牛斯山大區（région），而朗格多克地方是其東部的加爾省（Gard）、埃羅省（Hérault）及奧德省（Aude）。結合胡希詠地方（Roussillon），成為朗格多克．胡希詠大區，首都是蒙貝利耶（Montepellier）。

本書所指的朗格多克，並非照現在的劃分，而是用大家習慣說的，把土魯斯包含進去，東側的邊境是隆河和地中海；西側則是指土魯斯近郊，比較廣大的區域。

地中海沿岸有許多潟湖相連，平野的部分則有蒙貝利耶、納博訥（Narbonne）等主要城市並列。受惠於穩定的地中海型氣候，石灰岩質的土地遍佈著香草及低矮的灌木林，隨處可見地中海風情的景觀。朗格多克地方的北部有塞文山脈（Cévennes）及黑山（Montagne Noire）等峰峰相連。而有「法國名勝景色代表」之稱的埃羅峽谷等，則可以看到崎嶇陡峭的絕景。塞文山脈和其周邊——科斯地方（Causses）的石灰岩荒地則是每到夏天羊群會從山腳往高地聚集、大遷徙，形成移牧的獨特風景。

從地中海沿岸的納博訥向西北延伸的是南運河（又稱米迪運河，Canal du Midi）。沿著運河往卡卡頌及土魯斯等地內陸前進雨水會稍多，讓人以為已經遠離乾燥的地中海沿岸。

路易十四的國家計劃——朗多克的運河建設

我們來看看朗格多克歷史的重要部分。西元前一一八年，朗格多克地方的沿岸，被義大利來的羅馬人入侵，以納博訥為中心，將其建設為羅馬的殖民城市。從地中海沿岸到土魯斯，展開廣大的範圍與東方的辛香料貿易，往來非常頻繁。另一方面，內陸則以托洛薩（Tolosa，之後為土魯斯）為中心，極為繁榮。

羅馬帝國崩壞後，土魯斯伯爵在這一帶雖然擁有很大的權力，但是子爵、主教及富人，也同樣擁有權力，無法整合成一個區域。而最後整合的一個原因是基督教的異端——阿爾比教派（Albigeois），又稱卡特里派（Cathares）。十二世紀後半，阿爾比教派的教義在朗格多克地方廣受支持。土魯斯伯爵被羅馬教皇視為阿爾比教派的首領，因此，遭受以法國北部貴族為中心所組織的阿爾比十字軍攻擊。之後，又遭受法國國王路易八世的大軍猛烈攻擊，土魯斯伯爵終於投降。一二七一年，朗格多克地方被法國國王編入領土。自此，終止權力分散的狀態，在王權統治之下，將朗格多克整合成一個廣大的州（以前的行政劃分）。

十五～十六世紀，土魯斯迎向染料植物——歐洲菘藍（Pastel）交易的黃金時代。歐洲菘藍是一種十字花科的植物，其葉子可以抽取出當時珍貴的藍色染料。如此榮景一直持續到十六世紀末，印度的靛藍染料進口為止。另一方面，沿岸的蒙貝利耶也因絲織品、棉織品、香水及藥品等產業集中而繁榮。十七世紀後半，地中海沿岸的塞特（Sète）建造了港口，作為交易的據點，開通了往義大利、西班牙和普羅旺斯的航線。並建造了南運河，連接塞特與土魯斯。這個建設大幅地改變了此地的貿易景況。南運河的開通使大西洋與地中海可以用船隻來聯繫、輸送。在那之前，從大西洋到地中海必須經過直布羅陀海峽，還要支付通行稅給西班牙。南運河的開通，不只使輸送航線縮短三千公里，也不必再支付稅金給西班牙。

這個工程計畫是路易十四國王所推動的國家計劃，投注當時最先進的土木技術。拜此運河所賜，可以輕鬆地運送重物，當地的紅酒產業也因此獲得發展。

另一方面，以佩皮尼昂（Perpignan）為中心的胡希詠地方長期為西班牙（Corona d'Aragón，亞拉岡聯合王國，或做阿拉貢王國）所統治，直到一六五九年納入法國國土。二次世界大戰後的一九六四年，才把歷史上的朗格多克劃分成現在的多數大區。內陸的土魯斯變成南部－庇里牛斯大區的首府；胡希詠地方則還包含蒙貝利耶，其並成為朗格多克．胡希詠大區的首都。

延續中古世紀反骨精神的城市——土魯斯

在歷史上的朗格多克地方，中心城市是土魯斯，牽引著此地的產業面及文化面。第一次世界大戰時，土魯斯因離戰況激烈的德國較遠，而且人口眾多，因此成為航空等軍事產業遷移之地，成為航空產業的大都市，現今的空中巴士（Airbus）總公司也設在此處。

文化面則有土魯斯大學，土魯斯大學早在一二二九年就設立。那年土魯斯伯爵投降法國國王路易八世，且基督教異端阿爾比教派被消滅。土魯斯大學就是為了對抗異端而設立的。

或許是從異端阿爾比教派盛行時延續下來的，土魯斯反抗中央的精神仍很旺盛。雖然稱不上有所表現，但是從一九五〇年代開始，此地即成為奧克語復興運動的中心。

從葡萄酒到化妝水都有生產的新興都市——蒙貝利耶

現今朗格多克．胡希詠大區的首都蒙貝利耶是十一世紀登場的新興都市。雖然是新興都市，但是其設立大學的時間，與土魯斯大學一樣，都非常久遠。蒙貝利耶大學設立於一二八九年，以醫學與法學最為有名。

十三世紀成功地將葡萄酒蒸餾的醫師阿爾諾．德．威爾納夫（Arnaud de Villeneuve）出身於西班牙的加泰隆尼亞（Catalonia），就讀於蒙貝利耶大學，爾後又在這裡執教鞭。為了紀念他的功績，蒙貝利耶大學的附屬醫院就命名為阿爾諾．德．威爾納夫醫院。隨後，到了十五世紀的文藝復興時期，當時活躍的人文主義者，即《巨人傳》（*Gargantua and Pantagruel*）的作者拉伯雷（Rabelais）也是蒙貝利耶大學的學生。

現在，蒙貝利耶除了是葡萄酒產業的中心之外，也是從以前就實力堅強的醫學及食品加工業的研究據點。朗格多克周邊除了是法國有名的葡萄酒產地，蔬菜、果樹栽培、畜牧等，也很興盛。另外，山區還有多處溫泉療養地，特別是雅漾（Avène）的溫泉水對肌膚很好，這裡所生產的化妝水在日本也非常受歡迎。

單寧布誕生的城市——尼姆（Nime）

靠近朗格多克地方東邊的尼姆，是法國最古老，保存著羅馬時代遺跡的歷史城市。這裡的圓形競技場比亞爾（Arles，位於普羅旺斯）的小，但狀態保存得很好。說到觀光的熱點，就不能不提到嘉德水道橋（Le Pont du Gard）。隨著人口激增，深感於水源不足，因此費時十四年，建造了這條約五十公里的引水道，連接北邊的水源地於澤斯（Uzès）與尼姆。兩千年前的超高建築技術令人驚艷。順道一提，尼姆在羅馬時代稱為「Nemausus」（尼毛蘇斯，泉神的名字）。

尼姆因為水源豐富，從中世紀開始纖維產業就非常興盛。特別是以製作牛仔褲等大家熟知的丹寧布料發源地聞名。丹寧布的語源，就是尼姆製造的斜紋布料——Serge de Nime。尼姆的舊城里特埃（Littré）地區，曾經是染物職人（專業技術人員）聚集的繁榮之地。從羅馬時代至今兩千的歷史，現在依然代表著世界的時尚，是個充滿浪漫氛圍的城市。

「看過卡卡頌死而無憾」（Voir Carcassonne et mourir）

——可盡情享受世界遺產和購物樂趣的胡希詠地方

土魯斯東南方的卡卡頌有「看過卡卡頌死而無憾」之稱，是歐洲最大的要塞城市。一九九七年登錄聯合國世界遺產。這個城塞的原型是西元前三世紀塞爾特人（Celts）所蓋的。十三世紀時，成為十字軍的征戰之處，歸於法國國王所有之後，發展成要塞城市。因受相鄰的西班牙所威脅，必須要加強城塞的堅強穩固，於是建造了雙城牆。於一二八五年完成，據說完全無法攻破。一六五九年，原屬西班牙領土的胡希詠地方，改歸法國所有，對抗西班牙的要塞職責就南移至佩皮尼昂（Perpignan），卡卡頌的要塞職責就告一段落。

現在，城牆內的舊城區都變成飯店及餐廳等，是散心的好去處。到了夜間，城牆會點上美麗的燈光，仍可看見其要塞都市的魅力。拜訪卡卡頌的話，可順道去南運河，欣賞世界遺產。南運河亦於一九九六年登錄世界遺產。利用到這附近觀光的空檔購物也是不錯的選擇！庇里牛斯山脈的半山腰，法國與西班牙間有一個人口八萬多人的小國，叫做安道爾公國。這裡不須付關稅，是購物的天堂。

朗格多克．胡希詠大區的觀光，雖不如同樣在地中海沿岸的蔚藍海岸及普羅旺斯有名，但有著世界遺產為景點，且受到從羅馬帝國到西班牙的影響，使這裡的觀光產業既包山又包海，樂趣無窮，是個魅力十足之地。

從法式風味到西班牙風味，可以享受到各種美味的朗格多克

那麼，最後，再次從地中海沿岸到內陸，來看看擁有多采多姿飲食文化的朗格多克．胡希詠大區。首先是尼姆。這裡有個知名的料理，和普羅旺斯一樣，是使用鱈魚乾的「奶油鱈魚酪」（brandade）。其作法是將去鹽風乾的鱈魚恢復柔軟並搗碎，連同鮮奶油或橄欖油、

大蒜充分攪拌成泥狀。尼姆的橄欖油品質很好，這應該也是這道名菜這麼好吃的原因之一，這道料理非常適合搭配朗格多克地方的白葡萄酒或粉紅酒。

以蒙貝利耶及其南方的塞特為中心的沿岸地帶，擁有豐富的海產。拓湖（Étang de Thau）是一個潟湖的名稱，其沿岸的布濟格（Bouzigues）及梅茲（Mèze）是知名的牡蠣養殖地，還有淡菜等其他貝類的養殖也非常盛行。

地中海沿岸的餐廳常可以看到人們專心吃著堆積如山的生貝肉所組合成的「海鮮拼盤」。適合與使用當地的匹格普勒葡萄（Picpoul）釀造的清爽白酒「皮納特匹格普勒」（Picpoul de Pinet）搭配。此外，還有烏賊或章魚與番紅花湯燉煮的法式美乃滋醬（La rouille）等，從燉煮料理到湯品，可以盡情享用各種魚料理。

再沿地中海南下，到胡希詠地方的佩皮尼昂，可以看出這裡的飲食文化深受西班牙影響，而可以吃到西班牙名菜——海鮮燉飯（Paella）或西班牙小吃（Tapas）。另外，科里烏爾（Collioure）的鹽漬鯷魚（Anchois）也非常有名。從中世紀加泰隆尼亞王國的統治開始，就發展出有名的鹽漬手法。在此地居住的畫家馬諦斯（Matisse）應該非常滿足吧。

再向蒙貝利耶方向北上，穿過野生的百里香及迷迭香、鼠尾草等石灰岩大地，來到塞文山脈的山中。這一帶自古就以栗子作為主要食材，也是這裡重要的收入來源之一。栗子可以烤，也可以煮湯，另外，也可加工做成果醬、果泥或栗粉等賣出。

塞文山脈沿線的高地也有生產羊奶製成的佩拉棟乳酪（Pélardon）。生活在嚴峻荒地的山羊，卻有良好的乳質，以此做成的佩拉棟乳酪（Pélardon），口感濃厚。搭配當地丘陵地帶所釀造，稍微堅固的[2]白酒——「科比耶爾」（Corbières）或「佛格賀」（Faugères）等，都是非常推薦的選擇。

另外，還有塞文山脈與科斯地方的石灰岩洞窟所熟成的藍紋乳酪（Blue Cheese）；羊奶製成的「侯克佛羊乳酪」（Ronquefort）及牛奶製成的「科斯藍紋乳酪」（Bleu de Causse）。

2 譯註：原文是 solid，形容酒的組成架構良好。

從朗格多克的飲食看見東西交融

隨著南行，就會越來越具有西班牙風格的還有葡萄酒。朗格多克．胡希詠大區廣泛栽培的黑葡萄——格納西品種（Grenache），原產地被認為是鄰國的西班牙。因為適合炎熱乾燥的土地，因此，在這個區域被廣為栽種。所生產的葡萄酒，酒體堅固，構成良好。再者，卡卡頌西側一帶的葡萄酒產地，則有地中海沿岸廣為栽培的格納西品種，及大西洋沿岸波爾多地方所栽培的卡本內蘇維濃品種（Cabernet Sauvignon）與梅洛品種（Merlot）兩種混合釀造。應該是受東、西方的影響所致。

不管是地方料理，或是葡萄酒都可以看到朗格多克．胡希詠大區，貴為法國與西班牙、還有阿拉伯的文化交叉點……，不只是有歷史的地方而已，還有很多地方引人深思。

在這個地方修業，讓我了解到法國料理的根本就是「地方料理」。這變成我日後相當重要的資產。

3 巴斯克

——同時擁有法國和西班牙面貌

Basque

豐收

巴斯克風油封豬肉

Confit de porc à la basquaise

將切細的巴約訥（Bayonne）生火腿用橄欖油炒過，帶出豬肉的味道與香氣後，加入洋蔥、青椒燉煮，做成油封豬肉的巴斯克風醬料。最後用鹽和埃斯普萊特辣椒粉（Piment d'Espelette，純辣椒粉）做調味，使味道濃厚。

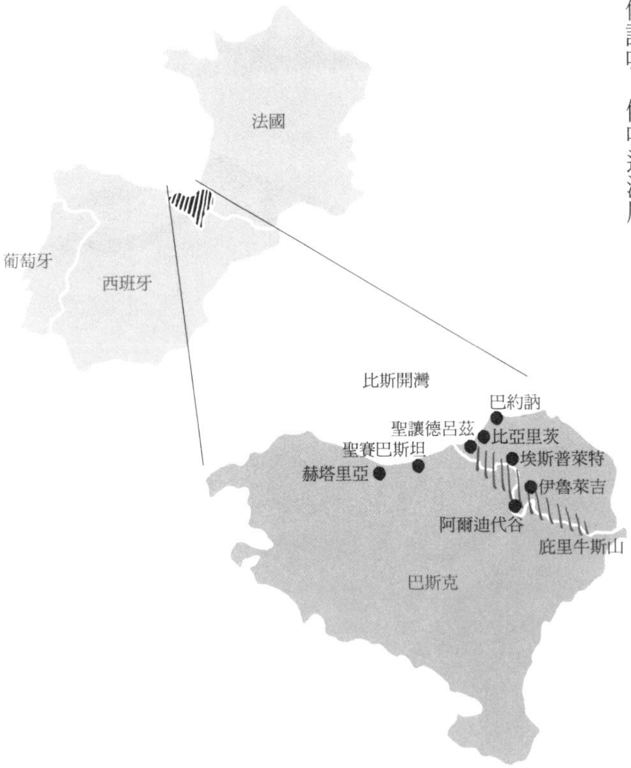

催生料理的地方，不是廚房，而是市場

我常放在心上的事，就是去感受季節，同時做料理。例如，年初時，我在市場看到尼斯產的圓形櫛瓜時，既期待又興奮地望著這些食材，想著「櫛瓜的季節又到了耶。今年要怎麼料理比較好呢……」。感受季節、感謝食材及回溯記憶的同時，一邊做食材的後續處理，沒有什麼時候比這刻更讓我感到幸福了。透過海產、山產，我領受到與自然一起料理的美好。因此，身為廚師，對於把土地的季節感表現在餐盤上，是我非常重視的事。將尼斯的旬味完全表現在料理中，讓客人品嚐、使他們開心，對我而言是最幸福的事。認為西洋料理比日本料理等缺乏季節感的人出乎意料地多，但那絕不是事實。

我常在想要把看到的當令山產、海產表現在自己的料理上。為此，常逛市場是不可或缺的。每當看到市場陳列著許多色彩繽紛的食材時，都覺得很有趣而靈感湧現。對我而言，市場是刺激與發現事物的場所，是創作的現場，也是激發靈感的特別之地。我的新料理都不是

來自廚房或桌上，而是生於市場，長於市場。

所以，我每次去旅行時，一定會去看看當地的市場。市場代表著那裡的土地。只要看到市場，就大概知道這是什麼樣的地方，什麼樣的氣候、人們是如何生活的以及他們的生活型態。我認為市場象徵著那個城市。不管是在巴黎、羅馬、都靈（Torino）或是巴塞隆納，不管哪個城市的市場都是充滿活力、最棒的地方。我居住的尼斯，那裡的市場也是市民的象徵，是他們的「生命」（la vie）。當地的人們，透過市場可以共同擁有相同的食材、相互交流與聯繫，就跟去教會一樣重要。

市場不同於超市，有人們的溫暖，是可以將彼此的心相繫的重要場所。我常在想，現今的日本，如果可以多一些像這樣可以聯繫彼此的市場，該有多好。我認為科技發展讓生活變得便利又快速，是件好事，但在舊時代可以直接連繫、引發共鳴的地方，那就是市場。

我去巴斯克地方的聖讓德呂茲（Saint-Jean-de-Luz）時，也深受感動。聖讓德呂茲昔日為捕鯨基地，現在則是鮪魚業繁榮的海港城市，有著令人激發好奇心的絕佳市場。我有想過，若是能在這裡擁有自己的店，應該可以做出有趣的料理吧！

大西洋特有的鮪魚、竹筴魚、烏賊、條尾鯡鯉（Upeneus japonicus）、蝦子以及阿杜爾河（L'Adour）中溯川而上的野生鮭魚。庇里牛斯山脈捕獲的野味、山鳩、小羊、黑豬、還有巴約訥生火腿、乳酪、埃斯普萊特（Espelette）產的辣椒、各種新鮮的蔬菜……。這裡是食材的天堂。

用巴斯克語喧鬧地交談，雖然不像法文那麼順暢，但是，我還是感到非常興奮。光是看到食材的豐富性、優良的品質，我就深深了解巴斯克料理是何等美味。附帶一提，靠近西班牙那側的巴斯克確實是米其林三星級餐廳到處林立。

「山的巴斯克」與「海的巴斯克」——擁有兩種面貌的巴斯克

接著，先來確認巴斯克的地理位置。請打開世界地圖看法國與西班牙的部分。沿著法國西側的比斯開灣（Golfe de Gascogne）南下，就會在伊比利半島（Iberian Peninsula）開始變細的那一帶，發現庇里牛斯山脈。巴斯克是指從法國西南部國境內的庇里牛斯山到西班牙北部，包含兩國，從海延伸到山的地方。背向大西洋呈心型，所謂「海的巴斯克」與「山的巴斯克」就是基於這個位置關係來論的。同樣的民族，跨越法國與西班牙兩個國家而居，在歷史的漩渦中相互同化，至今卻仍保有獨自的語言與文化。這樣的巴斯克，對四周環海的日本人而言，或許很難想像。

現在以行政區分來看，可以分為七個地區。在法國這邊有三個地區，在西班牙這邊，包含巴斯克自治區，共有四個地區，總面積大約是日本四國（一萬八千八百平方公里）和大阪（兩百二十三平方公里）加起來的大小，百分之九十的人都住在西班牙的國土內，只有百分之十在法國境內。

「山的巴斯克」這部分，一進入庇里牛斯山，就可以看到山丘層層堆疊，孕育著翠綠的草木。整座山籠罩在濕潤的霧氣中，到處都是泉水湧出的河川以及澄澈的湖泊，享有豐富的水資源。山的巴斯克可以說是以巴約訥為中心都市；「海的巴斯克」有溺灣式（Ria Coast）的比斯開灣當做裝飾邊點綴，浩瀚的大西洋在此擴展開來。我才在想沿海的城市，會不會都像比亞里茲（Biarritz）及聖賽巴斯坦（San Sebastián）那樣，從拿破崙時代一直延續到現在依然優雅的高級度假勝地，就出現讓我看到令人心生感激的市場，像聖讓德呂茲及格塔里亞（Getaria）等漁港或小漁村，各有各的個性，都非常有魅力。

巴斯克地方一年四季都很溫暖，夏季不會過熱，冬季也幾乎不下雪。不只食材豐富，綠地也充足，生活起來心情愉悅，這應該都是拜溫暖的氣候所賜。

巴斯克為什麼會分成兩個國家

巴斯克現今跨越法國和西班牙兩個國家。可以想像因為許多複雜的情事，而飽受各個民族入侵。說這些歷史是一部「攻防史」也不為過。然而，雖然政治上是「攻防」，但身為廚師，觀察事物的角度一旦改變，就可以看到這造成飲食文化上反覆的「交流」。也就是說，因為與異國文化相互接觸，讓飲食的分野出現各種化學變化，這就是現今巴斯克的飲食文化需要被傳承下去的地方。

我來說一下為巴斯克飲食文化打下根基的歷史轉折點。首先，將時間拉回九世紀左右。

受到諾曼人出沒於比斯開灣的影響很大，巴斯克人學習到諾曼人在航海技術及漁業、還有礦業（此地也有礦產）的拿手技術，因此也同樣在海運業及造船業上有著繁榮盛景。這與之後活躍於大航海時代有關。等一下我會詳細說明，巴斯克的關鍵字——辣椒，就是從新大陸傳回來的。

巴斯克人最初的國家是十世紀左右那瓦拉王國（Reino de Navarra，或作納瓦拉）。十一世紀時擁有最多領土，但十一世紀後半，國家就急速弱化，受西班牙的亞拉岡支配，又飽受卡斯提亞（Reino de Castilla）壓迫。十三世紀時，那瓦拉王國因後繼無人，法國貴族香檳伯爵（Comtes de Champagne）於是繼承此地。因他兒子與法國國王路易九世的女兒結婚，因此那瓦拉王國與法國非常接近，直到十四世紀前半，此地受到那瓦拉王國與法國雙方的支配。到了十五世紀，則被亞拉岡的皇室繼承，之後，亞拉岡的國王斐迪南（Fernando）與卡斯提亞女王伊莎貝拉（Isabella）結婚，成立西班牙王國。斐迪南把那瓦拉兼併的同時，他也同意把庇里牛斯到南部的卡斯提亞（亞拉岡）作為領土，讓庇里牛斯北部成為一個獨立國——「那瓦拉王國」。這就是隔著庇里牛斯而存在的巴斯克人，南北被大分割的由來。到了十六世紀，已經是獨立國家的那瓦拉王國被併入法國的領土，因此，「巴斯克地方」從此橫跨兩個國家。

切格瓦拉（Che Guevara）、聖沙勿略（San Franisco Javier）、及埃爾卡諾（Juan Sebastián Elcano）——巴斯克出身的世界名人

再回來說說大航海時代。此時，巴斯克的重要人物輩出，有和麥哲倫一起完成首次航行世界一周的胡安．埃爾卡諾。當時的西班牙才是發現新大陸的國家，但是與印度的辛香料貿易卻是讓葡萄牙人獨佔，自己只能束手無策。麥哲倫雖是葡萄牙人，卻和自己的國王對立，轉而投效西班牙，主張西進航線。跟麥哲倫一起行動的，就是埃爾卡諾。他在麥哲倫逝世於菲律賓後，成為指揮官，完成世界一周的航行。

經過這個事件，巴斯克已經是當時新大陸的玄關口。十九～二十世紀，從巴斯克到新大陸，特別是阿根廷的移民非常多。據說，佔現在阿根廷人口的百分之十。古巴革命中，卡斯

楚（Fidel Alejandro Castro Ruz）的戰友切格瓦拉就是阿根廷的巴斯克人。

另一為阿根廷名人艾薇塔（Evita），全名伊娃・斐隆（María Eva Duarte de Perón），也是巴斯克人。出身於貧窮農村私生女的她，在布宜諾斯艾利斯（buenos aires），活躍於模特兒界。就在那時，她遇到斐隆上校，在他當選總統時，艾薇塔成為第一夫人，並活躍於國政，她的故事是名符其實的「阿根廷夢」[1]。她的聲望至今仍很高。

還有，別忘了巴斯克和日本的連結，和日本關係很深的大有人在。像是把基督教傳入日本的聖沙勿略以及和他一起成立耶穌會的聖伊納爵・羅耀拉（San Ignacio de Loyola），也是巴斯克人。就像這樣，巴斯克與新大陸有著緊密的關係。因此，不難理解巴斯克料理把原產於新大陸的馬鈴薯、番茄、辣椒入菜的原因。

另外，說到影響巴斯克飲食文化的民族，就是猶太人。那是從十六世紀開始，西班牙的猶太人受到強力的迫害，因此一部份的猶太人就移居至巴斯克地方的巴約訥。他們因此傳入了巧克力的作法。再者，說到巴約訥，當然就要說到有名的生火腿——「巴約訥火腿」（Jambon de Bayonne）。據說受其影響，十六世紀時義大利梅迪奇（Merdicis）家族的凱薩琳．梅迪奇（Catherine de Medicis）在巡幸途中，還為此順道停留呢。

巴斯克料理最強關鍵字就是辣椒

說到巴斯克料理，非常重要的關鍵字就是辣椒。這幾年非常有名的，就是「山的巴斯克」有個埃斯普萊特村，其辣椒磨成粉製成的調味料，叫「埃斯普萊特辣椒粉」。巴黎也有，在小酒館或餐廳都經常使用，日本也看得到。這種香料就是日本說的純辣椒粉，但是跟日本的辣椒粉比起來，辣味比較溫和，會散發一股清爽的香氣。可以加深食物的味道，並帶出甜味。

待作為原料的辣椒由綠色完全成熟成紅色，再將其乾燥做成粉。埃斯普萊特的辣椒粉跟酒一樣有AOC認證。AOC是法國的「原產地命名控制」（Appellation d'origine

---

1　譯註：意指透過努力、奮發而實現夢想。

contrôlée）。以在此登錄的酒及乳酪等為首的農產品，對材料及產地、製作方法等進行規定，條件不符的話，就不可以冠上ＡＯＣ的名稱。

巴斯克料理以燉煮料理為中心，全部都會使用埃斯普萊特辣椒粉，這重要的香料簡直代表了土地的靈魂。埃斯普萊特村非常有魅力，由紅色的木頭搭成，加上白牆的房子林立著。每戶人家的門前，像是裝飾品般晾著紅色辣椒。每年十月底會舉行辣椒祭，那時會有很多觀光客聚集在此。

這裡的辣椒讓人印象深刻的就是巴斯克風的鮪魚法式魚湯。法式魚湯的最大特徵在於通常使用番紅花做為香料，但在巴斯克則是使用辣椒來料理。此外，類似南法蔬菜燉鍋——「普羅旺斯燉菜」的「番茄甜椒炒蛋」（Piperade），也是巴斯克人的家鄉料理。番茄甜椒炒蛋的作法是將洋蔥與大蒜，再充分加入青、紅椒，然後用油炒過，再放入番茄與鹽炒煮，最後撒上埃斯普萊特辣椒粉。再將蛋打入平底鍋中，與番茄、甜椒攪拌成稠狀後，倒入盤中，再覆上烤過的巴約訥生火腿，這是最原始的吃法。柔軟的蛋與蔬菜的甜味，佐以酥烤生火腿的口感與鹹味，是很自然又道地的巴斯克風味。

嫩煎雞肉與番茄甜椒炒蛋一起燉煮的料理——巴斯克燉雞也很有名。番茄甜椒炒蛋搭配各種主菜都非常合適。而夏日的午餐吃冷的番茄甜椒炒蛋也很美味。「埃斯普萊特燉肉」（Axoa d'Espelette）使用的是埃斯普萊特辣椒粉，屬於山的巴斯克料理。「Axoa」在巴斯克語中，是指「切得很細的東西」，因此，這道料理會使用小牛或羊肉的肉末。把切碎的洋蔥、大蒜、連同青、紅椒與肉末，以鹽和香草炒過。再加上埃斯普萊特辣椒粉和少許的肉湯一起炒煮。這是以前在埃斯普萊特市場會賣的傳統料理，可搭配蒸馬鈴薯。

巴斯克飼養的豬隻舉世聞名

那麼，說完辣椒，來說豬隻。巴斯克的豬隻最近聞名於世，連日本的餐廳菜單上都看得到。到底是什麼樣的豬呢。

巴斯克的豬一度面臨絕種的危機，在相關單位相當努力的結果下，使純血統的豬隻受國家保護，現在飼養於法國這側的庇里牛斯山，海拔八百公尺高的阿爾迪代河谷（Vallée de

Aldues）。一年只養三千頭，相當珍稀。對腳程非常快的巴斯克豬而言，野外的山林是最好的棲息地。他們可以到處奔跑，以吃野生的栗子或橡樹子維生。體型的特徵是頭和臀部有黑色斑點。巴斯克豬的肉質柔軟有適度脂肪，頗具風味，常製作成有名的巴約訥生火腿或火腿、香腸、及法式肉醬（pâté）等。生產巴斯克豬隻最有名的人是皮耶·歐德札（Pierre Oteiza），他是復育巴斯克豬隻的大功臣。他所生產的「Kintoa」豬成為很有名的品牌。

本章所介紹的巴斯克風味豬肉，是使用油封過的豬肩肉。油封的保存方式是法國西南部的獨特文化。方法是以低溫慢慢加熱，而使味道濃縮。因為食材直接以火加熱，會比鹽漬等的醃漬方式保存期限更長。

山的巴斯克食材的代名詞——羊乳酪

說到庇里牛斯山的山產，那就是羊隻了。如果開車到庇里牛斯的深山中，就會在開有歐石楠花的陡急山丘面，遇到許多簡直像腳上有吸盤的羊隻，悠閒、淡定地吃著草。可以看到巴斯克人自古以來，生活中離不開庇里牛斯珍產的飲食文化根源。

羊乳酪的法文叫「Fromage de Brebis」，說是山巴斯克的代名詞不為過，應該是代表這塊土地的食物。深入山的巴斯克，就會出現「Route du Fromage A.O.C. Ossau-Iraty」（歐索伊拉提法定產區乳酪之路），寫著羊和乳酪相關的標誌，意思是「乳酪之路」。這一帶盛行乳酪製造，也有幾間乳酪工坊。巴斯克人自古以來都和羊一起生活，乳酪當然是用羊奶製造。傳統製作的羊乳酪重達三～四公斤，呈堅固又厚實的圓盤形。味道溫和且口感豐厚，有蜂蜜般優雅的甜味。經過約莫一年的熟成，更能把美味和甘甜濃縮住。

「歐索伊拉提庇里牛斯羊乳酪」（Ossau-Iraty Brebis Pyrénée）是AOC認證的乳酪。歐索是指歐索溪谷（Vallée d'Ossau），伊拉提是指伊拉提森林（Massif d'Iraty），而 Brebis Pyrénée 是指庇里牛斯山的雌羊。正如其名，就是指放牧於庇里牛斯的河谷與森林中的羊，其羊奶在山中所製成的乳酪。這種羊乳酪加上櫻桃醬，就是巴斯克風味的乳酪。這邊產櫻桃的地方是距埃斯普萊特村約三公里的地方，往山的方向前進，有個名為伊薩蘇（Itxassou）的小村莊。用其所生產的黑色心形品種，製成的果醬非常美味。

鹹鱈魚乾（Bacalao）、Pil-Pil 醬、巴斯克風鮪魚魚湯（Marmitako）

——不同凡響的「海的巴斯克」料理

接下來，來探索「海的巴斯克」的珍饈美饌。前言也有說過，尼斯常使用「Stock Fish」鱈魚乾，巴斯克也同樣使用鹽醃的鱈魚乾，叫做「鹹鱈魚乾」（Bacalao）。鹹鱈魚乾在西班牙及葡萄牙是常見的食材。巴斯克的紅椒釀鱈魚，是在名為 Piquillo 種[2]的細長紅椒中，鑲入鹹鱈魚泥，再放入烤箱烤過後，加入有埃斯普萊特辣椒粉提味的番茄醬汁來食用。上菜時，用茶色的小砂鍋裝盛。

西班牙那邊的巴斯克也有個東西很有名，那就是 Pil-Pil 醬。素燒的大砂鍋中放入充分的橄欖油、大蒜以及去鹽的鱈魚乾切片，以低溫加熱，用兩手耐心地搖晃鍋子，直到油乳化成白濁狀。當然，別忘了加入埃斯普萊特辣椒粉。

前面剛介紹過的，有很棒市場的聖讓德呂茲，每年七月都會舉行鮪魚祭。那時，港口前的廣場會排列幾個長桌，在各家餐廳所搭的帳棚下，在鐵板上豪邁地烤著橫切的鮪魚，再淋上番茄甜椒醬汁，即可上菜。

此外，還有一種鮪魚料理叫做巴斯克風鮪魚魚湯（Marmitako）。這是用鮪魚和番茄、洋蔥、馬鈴薯等，以白酒和魚湯來燉煮的一種傳統料理。源自於使用 Marmita 砂鍋[3]的巴斯克漁夫料理。

小型烏賊 Chipirons 也很美味，屬於槍烏賊的一種，體型較小，口感非常柔軟。可單純用鐵板烤、或是用平底鍋煎一下，再淋上加了埃斯普萊特辣椒粉的番茄洋蔥醬汁。做成深黑色的墨魚飯也很有名。

2　譯註：西班牙文，小嘴的意思。

3　譯註：一種圓柱形的深底鍋。

巴斯克地方是甜點王國

我開始做料理時，最先喜歡的甜點是巴斯克蛋糕。塗滿奶油的餅皮中抹上卡士達醬，再放入巴斯克名產──櫻桃果醬，然後烤成圓盤狀。烤成金黃色的表面刻有代表巴斯克的十字，是一道質樸卻成分豐富、非常好吃的烘焙點心。

馬卡龍也很有名。法國各地都有馬卡龍，各有各的特色。不是只有像在日本常看到的，豪華高級的馬卡龍而已。馬卡龍可以表現出各個地方的特性，若說以馬卡龍為一個中心，可以比較出法國各地的飲食文化，並不為過。是變化多端，又令人愉悅的點心。

聖讓德呂茲的老店「Maison Adam」（亞當糕餅店）的馬卡龍只使用杏仁和蛋白、砂糖，承襲古法製作。呈茶色，香味四溢，中間帶點黏稠的柔軟，甜而不膩。

巴約訥是巴斯克最北側的城市，巧克力與火腿齊名。其實，巴約訥是法國最早製作巧克力的城市。古羅馬時代原是一個路邊的城市，十二～十五世紀時，變成貿易港而繁榮起來。

之後十七世紀時，自美洲大陸傳回西班牙的可可亞，被遭受迫害而逃離的猶太人，越過庇里牛斯山，運送至巴約訥港。因而此地成為法國最初的巧克力工廠誕生之地。

巧克力老店「Cazenave」（卡澤納夫）濃厚的熱巧克力倒入印有優雅小花圖案的杯中，非常受當地人和觀光客歡迎。

喝過就絕對忘不了的巴斯克葡萄酒

雖然日本比較不熟悉，但其實巴斯克也釀造許多美酒。生產代表法國這邊的巴斯克葡萄酒，有AOC認證的伊魯萊吉（Irouléguy），其產區是屬法國西南地方的庇里牛斯產區。伊魯萊吉位於基督教朝聖的主要中途休息城市聖讓皮耶德波爾（San Jean Pied de port）的西南方三公里左右，是一座小村莊。一九七〇年取得AOC，雖然比較新，但是其位於庇里牛斯山下的廣大葡萄園，卻是歷史悠久，波爾多與盧瓦爾河葡萄酒使用的品種卡本內・佛朗（Cabernet Franc）的原產地。

此處釀造的葡萄酒，有紅、白、及粉紅酒（玫瑰酒）。紅酒的品種有：丹娜（Tannat）、卡本內．蘇維濃（Cabernet Sauvignon）、卡本內．佛朗；而白酒的品種有：小蒙仙（Petit Manseng）、大蒙仙（Gros Manseng）、與吉爾布（Courbu）等。或許多數的日本人對於伊魯萊吉葡萄酒的瞭解僅止於此。然而，如果拜訪巴斯克，喝過這裡的酒，應該會非常喜歡。

當地喝粉紅酒的人也很多。伊魯萊吉的粉紅酒有巴斯克名產櫻桃的香氣，帶有足夠的酸味，如同貼近巴斯克的料理和氣候一樣，可以說令人驚艷。當然，紅、白酒也同樣富香氣，就像巴斯克給人的感覺一樣，堅實、有時又優雅，是品質優良讓人難以忘懷的葡萄酒。

此外，以蘋果發酵的蘋果酒也很受歡迎。在蘋果酒莊裡，可以享用從木桶倒出來的新鮮蘋果酒，並可以用餐。不管哪一個酒莊，菜單大概都是：鱈魚乾歐姆蛋、生火腿加薩拉米香腸、鵝肝、帶骨的烤肉、沙拉和甜點。好像吃全餐一樣，全部端出來，非常豪邁，讓人根本吃不完。

只有處於文化「交叉點」才會如此堅毅與剛強

對我而言，巴斯克人就像這裡出身的切格瓦拉一樣，他戴貝雷帽的形象非常強烈。巴斯克是貝雷帽的發源地，走在街頭就會發現非常多的貝雷帽。

再者，巴斯克人會抵抗中央集權，給人很重視地域羈絆的強烈印象。例如，村莊舉行祭典時會全員參加，地方社會的凝聚力非常強，但是不會有排他性。我曾經在此舉辦過料理展，對於當地人們的暖心和體貼非常有感。他們在驕傲自己傳統的同時，也富進取的精神，並充滿創新的能量。這些都可以從他們的料理感受到。他們遇過各種民族，還能在被翻弄的歷史中殘存，因此也可以感受到他們的堅毅與剛強。在描述法國料理時，會覺得國境周邊的飲食文化有趣，就是由此而來的。

我住的尼斯受義大利影響很多，亞爾薩斯則是受德國影響；而巴斯克這裡是受西班牙影響良多。可能是因為法國位於許多國家包圍的「交叉點」，所以才有這種作用吧。

波爾多——世界釀酒名地之一

4

Bordeaux

瀟灑

波爾多風烤豬佐嫩煎牛肝菌

Rôti de porc,
Cèpes sautés à la bordeaulaise

帶骨的豬肉抹上胡椒鹽，簡單烤過。醬汁是以青蔥和紅酒熬乾，加入豬肉汁，最後加入奶油使其濃稠。配上牛菌肝菇，就是波爾多風味。菌菇以奶油煎過，加上青蔥與洋蔥，然後加入香芹（parsley，或作荷蘭芹），調和。

從馬拉松到SPA溫泉，波爾多的葡萄酒物盡其用

波爾多地方最有名的就是葡萄酒，和勃根地（Burgundy）地方並列為世界釀酒名地。因釀造者和年分不同，無法一概而論，若真要簡單說明這兩個地方葡萄酒的特徵，應該可以這麼說吧：勃根地的酒較強烈，強力訴求感官的味道。與其相比，波爾多展現的就是細膩優雅、高尚的味道。一個是感官型美女；一個是知性的氣質美女……，非常難以選擇。沒有試喝前，不知道自己喜歡哪種，就算喝過一次也難以確認。

波爾多有一項世界酒迷會聚集在此的活動，那就是「梅多克馬拉松」（Le Marathon du Médoc）。梅多克是個地名，是波爾多最有名的釀酒廠集中之地。波爾多的釀酒廠叫做「Château」（城堡），梅多克的確有許多城堡似的酒廠散佈在美麗的葡萄園中。梅多克馬拉松就是讓參賽者奔跑於葡萄園中的人氣賽事。全長四十二·一九五公里，時間限制在六個半小時跑完。最特別的是參賽者全部要依主題裝扮。跑者需依每年的主題不同，而裝扮成

「漫畫人物」、「動物」、或「歷史人物」等，穿著很有趣的服裝參賽。舉辦的時間是每年九月，也就是葡萄收割前，那是葡萄園最美、最閃耀動人的時候。

另外一項特別之處是這個比賽設有二十二個急救站。和一般馬拉松一樣，除了供應水之外，竟然還提供此地酒莊自豪的葡萄酒。而且，比賽快結束的地方還提供生火腿、生蠔、牛排，接近終點時，還有冰淇淋可享用，簡直就像提供全餐那樣的服務，讓人感覺根本就是一趟貪吃的法式浪漫情懷之旅。而冠軍還可以得到和自己體重相當的波爾多葡萄酒，這也是此賽事受歡迎的秘密之處。因為跑者在馬拉松進行時還邊喝酒，因此當然備有醫療團隊待命，做萬全的準備，儘管如此，我認為這還是一項很符合葡萄酒國充滿玩心的快樂賽事。

另外，特別推薦女性的是葡萄酒產地限定的「葡萄酒療」。最近，不只法國，西班牙和澳洲等葡萄酒產地，聽說也都增加了葡萄酒療的設施。葡萄酒療是由「葡萄酒」（Vin）與「治療」（Thérapie）所組合而成的名詞。簡單的說，就是利用葡萄多酚成分進行的SPA療程。創始者是波爾多的格拉芙（Graves）地區的「拉斐特葡萄莊園」（Château Smith-Haute-Lafitte）。此莊園也以出產好喝的葡萄酒聞名。葡萄多酚據說有抗老化、抗氧化的作用，而且排毒效果也很好，酒莊因此設立自己的研究室，獨立開發化妝品。葡萄酒療SPA溫泉位於葡萄園中，以提煉葡萄籽及果肉中的精華、葡萄酒酵母，來進行療程與按摩、紅酒木桶浴及添加葡萄萃取的泡泡浴。對於葡萄酒迷而言，應該沒有比這裡更療癒的地方了。

因波爾多葡萄酒而生的波爾多料理

波爾多有一家我很喜歡的餐廳，叫做「La Tupina」小酒館（bistro），是的，不是餐廳，而是小酒館。與其說店內裝潢，不如說是店內瀰漫著田園風那種燈光朦朧的氛圍，裡面有一座非常氣派、有存在感的暖爐。這裡所烤的大肉塊及烤全小羊最好吃。這正是波爾多地方料理給人的印象，只用鹽和巴斯克產的埃斯普萊特辣椒粉簡單調味，但一入口，味道濃郁，非常下酒。

其實，這就是解讀波爾多地方料理的重點。波爾多不管紅酒或白酒，基本上都是多種葡萄混製而成。白酒的品種是白蘇維濃（Sauvignon Blanc）與榭密雍（Semillon）；紅酒的品種是卡本內・蘇維濃（Cabernet Sauvignon）、梅洛（Merlot）、卡本內・弗朗（Cabernet Franc）及小維鐸（Petit Verdot）等，依據酒莊及當年的葡萄收成，混合的比例會有所變化。混合多種葡萄，製程複雜又具深度口感的葡萄酒。這樣的葡萄酒，若說要和哪種料理比較搭配，我認為沒有比簡單的料理適合了。若是複雜的葡萄酒搭配多種食材或香料做成的料理，這之間如何取得平衡，實在是一件極為困難的事。

在波爾多，葡萄酒是生財的龍頭，因此，凸顯葡萄酒的主要角色，就成了首要思考之事。例如，在這個地方會招待拜訪酒莊的客人於酒莊內的餐廳用午餐或晚餐，大概沒有比這個更難得的事了。這時，當然要端出可以讓自家的酒顯得最好喝的料理。複雜且餘韻深長的波爾多葡萄酒，不會搭配醬料複雜的料理，簡單調味、烤過的牛肉、小羊肉或鴨肉等料理登場的頻率最高。本書所介紹的波爾多豬肉料理是簡單的烤物，還可以搭配此地盛產的菇類（牛菌肝菇）。

順道一提，這家「La Tupina」小酒館曾經因為英國首相約翰・梅傑爵士（Sir John Major）訪問波爾多時，由當時的前法國總統雅克・希拉克（Jacques Chirac）私下招待，在此用餐，因而聞名。有機會的話，大家一定要去光顧，體驗波爾多風味料理並搭配葡萄酒。

烤物是資產階級才能吃的料理

其它地方的豬肉料理基本上都是燉煮比較多，但是波爾多卻是用烤的。其實若思考料理的歷史，烤物其實是很奢華的料理方式。那是因為以前的平民家庭沒有烤爐。每個家庭熱源的來源都只能利用附近麵包店等的烤爐餘熱，也因為如此，才發展出像燉煮這樣的料理。所以，用烤的雖然比燉煮簡單，但其實是非常豪華的料理方式，是有背景的。

另外，擁有可以烤全羊那麼大的爐子，也是一種奢華的象徵。在那個時代有火爐的地方，多為王公貴族或資產階級的宅邸。最早，廚師「cuisinier」的語源就是從「細心操縱火的人」之意而來的。我隨意地想，在爐子前看著火，控制著肉的熟度，應該就是廚師最初的樣子吧。

和其它地方相比，波爾多的特徵就是米其林星級餐廳非常少。那是因為酒莊都會雇用專任的廚師，或是利用現代說法——送餐服務（catering service），在自己的酒莊提供令人滿意的料理與葡萄酒，讓客人盡情享用，這或許正是波爾多傳統的待客之道。

「烤」的文化其實是受英國人的影響。為什麼波爾多會遺留英國人的飲食足跡呢？那也是波爾多才有的特徵，接下來，再從波爾多的歷史來驗證。

優良的葡萄生長條件是這樣來的——波爾多的地理

首先，先掌握波爾多的地理位置。波爾多地方的首府就是波爾多，從巴黎搭飛機約一個小時，也可以從蒙帕納斯（Montparnasse）車站搭TGV（高速鐵路），約四個小時會到。位於法國西南部，注入大西洋的吉倫特河（Gironde）河口的上游約一百二十公里之處。

波爾多以前叫做布迪加拉（Budigala），羅馬時代就是知名的良港。法國革命前，為吉耶納（Guyenne）地方的首府，非常繁榮，現在則是吉倫特省的省會。也是包含吉倫特省在內的鄰近五省，阿基坦（Aquitaine）大區的首府。

以釀造法國葡萄酒聞名的波爾多區域，是指以波爾多市為中心，廣及吉倫特省的全省區域。從法國中部的中央山脈流出的多爾多涅河（Dordongne）與位於法國、西班牙國界的庇里牛斯山脈所流出的加龍河（Garonne），在波爾多市北側二十五公里之處會合，並與吉倫特河一起注入大西洋。這三條河遍及的流域就是波爾多的葡萄酒產區。

波爾多市與北海道北端的稚內市大約同在北緯四十五度的位置，然而受惠於流過大西洋海岸的波斯灣暖流，這裡的氣候相當溫暖。再者，西南部的朗德（Landes）地方，有廣大的松木林可抵禦來自大西洋的海風，因此可以採收優質的葡萄。就是因為受惠於這樣的自然生長條件，才能釀造出令葡萄酒迷躍躍欲試的各種葡萄酒。

波爾多除了以葡萄酒為中心的農產品加工業很興盛之外，航空產業及木造業、製紙業也非常知名。波爾多機場的所在地梅尼亞克市（Mérignac），除了有法國噴射機製造商達索航空公司（Le Groupe Dassault）的機體製造廠外，還有被稱為「波爾多航空園區」（Bordeaux Aeropark）的航空相關技術開發及新創事業養成的設施。

吉倫特省南部的鄰省——朗德省因森林廣布，其木造及製紙業也很知名，特別是木製品，出口量是法國第一的地區。

昔日為「英格蘭」的波爾多地方——波爾多的歷史

波爾多在歷史的舞台上登場，始於從統治這一帶的阿基坦公爵之女在一一五二年時與安茹（Anjou）伯爵——亨利二世（Henry II Curmantle）結婚。亨利二世結婚才兩年就登基成為英格蘭國王，並於英格蘭建立金雀花王朝（House of Plantagenet）。如此一來，阿基坦公爵的領地就更擴展，大約現在法國西半部都是受英格蘭統治。

英格蘭統治時代，波爾多因為葡萄酒與英格蘭的交易而繁榮。然而，英格蘭對法國的大規模統治，卻逐漸埋下抗爭的種子。終於在一三三七年開始爆發英法戰爭，直到一四五三年，展開共約一百年的戰爭。即歷史上有名的「百年戰爭」。這場戰爭的最後一役發生在波爾多最東邊的卡斯蒂永（Castillon），波爾多被勝利的法國人奪回。

十六世紀末到十七世紀，荷蘭及漢薩（Hansa）同盟（現在的德國北部周邊）的國家都是波爾多葡萄酒的客戶端。之後，葡萄酒還出口到殖民地，進行砂糖、奴隸的三角貿易，讓波爾多在十八世紀創造許多財富。為了歌頌繁榮盛景，此地建造了許多保存至今的證券交易所及大型歌劇院等偉大的建築，還有美麗的街道，因此素有「小巴黎」（Petit Paris）之稱。十九～二十世紀，爆發了普法戰爭、第一次世界大戰和第二次世界大戰，波爾多市成了政府臨時避難所。因此，還有「悲劇之都」的稱號。

近年來，波爾多整修了市內輕軌電車、並對十八世紀的歷史建築物進行修復，二〇〇七年波爾多市的歷史地區被聯合國認定為世界遺產。而現代的波爾多市打造了許多大規模的國際展場，朝國際都市的方向發展。

波爾多聞名於世的不只葡萄酒

波爾多市除了經濟繁榮，在文化界還有許多偉人輩出。十六世紀法國文藝復興時期的思想家蒙田（Michel de Montaigne），著有《隨筆》（*Les Essais*），被視為法國知識分子的始祖。現在，有文學系等的波爾多第三大學就是以他的名字來命名——「馬歇爾德蒙田大學」。到了十八世紀，以啟蒙思想家稱號聞名的孟德斯鳩（C. L. de Secondat, Baron de Montesquieu），著有《論法的精神》（*De l'Esprit des lois*），提倡三權分立。而設有法學系等的波爾多第四大學，就叫做「孟德斯鳩大學」。

料理界則不能漏掉十九世紀的名廚——阿道夫·杜格萊烈（Adolphe Dugléré）。出身於波爾多，杜格萊烈多數的料理名稱都會加上他的名字，例如：杜格萊烈風舌鰨魚。我偶爾也會因為想念法國料理的傳統，而做杜格萊烈風的料理。每個人作法多少有些差異，基本上都是先用魚骨熬成湯汁，加入青蔥蒸煮，接著將奶油溶入，再以番茄、韭菜（ciboulette）和檸檬汁來調味，這就是杜格萊烈風的醬汁。

現代的名人則有電影導演雷奈·克萊門特（René Clément）。這位導演出身於波爾多，指導過《禁忌的遊戲》（*Jeux interdits*）、《陽光普照》（*Plein soleil*）等名作，曾於世界各地上映，是大師級人物。而他也在一九八四年由武田鐵矢主演的日本電影《歐洲特急》（別名：*Princess and the Photographer*）中參與演出。

從小乳羊到鰐魚，都是波爾多自豪的美味食材

那麼，再回到料理的話題上。波爾多是個物產豐富的地方，代表波爾多的肉食，就是波雅客（Pauillac）的小乳羊[1]，以炭火來烤，肉質柔軟，非常美味。波雅客是為於吉倫特河左岸的一個村名，是波爾多最優良，也是全世界最優良的紅酒產區。另外，也可以享用具葡萄酒產地風格，以葡萄藤及樹枝來烤的牛肋排（entrecôte）或烤全豬。據波爾多某位廚師說，用葡萄樹枝烤牛肋排時，最初是使用卡本內．蘇維濃品種的樹枝。據說這種樹枝可以強力助燃。也有人在最後一刻加入一束梅洛種的樹枝，做個完美的結束。真假與否無法確定，但是有這種方法，還真有趣。

波爾多靠近大西洋，因此有許多海產。例如，阿卡雄（Arcachon）的生蠔。阿卡雄灣位

1 譯註：還沒斷奶且出生後七十五天以內的小羊。

於波爾多市西南方約七十公里處，是一處內海，有大片海水從大西洋進入，牡蠣就是養殖於此。為了應對野生牡蠣的數量銳減，依拿破崙三世指示，開始在此養殖牡蠣。阿卡雄的生蠔一般就是生吃，佐以檸檬、紅酒醋加青蔥末調製的醬料，咕嚕一口吃下。另外也可搭配「網油松露香腸」（crépinette・truffle）。生蠔加香腸的組合對日本人來說，可能感到驚訝，但是海鮮卻可以使動物性脂肪提味，這或許是狩獵民族想出來的吧。

吉倫特河擁有各種漁獲，春天時因鱘魚會溯河而上，因此魚子醬也是此地的特產。過去曾因濫捕而使鱘魚數量銳減，但現已於吉倫特省養殖成功。波爾多也有鰻魚料理。對習慣鰻魚串燒（蒲燒鰻）的日本人而言，是很難想像的。這裡的作法是將鰻魚切塊，再以紅酒燉煮。這就是波爾多的鄉土料理——「紅酒燉鰻魚」（Matelote d'anguille）。法國稱鰻魚的幼魚叫「Les Pibales」，在吉倫特河口及阿卡雄灣也可以捕獲。一般會以大蒜和辣椒，用橄欖油一起炒，也是我非常喜歡的料理，但只限初春才吃得到。

與鰻魚相近的，還有七鰓鰻（lamproie）。作法是將其橫切，以波爾多葡萄酒燉煮，這也是一道人氣料理，叫做「紅酒燉七鰓鰻」（Lamproie à la bordelaise）。還有一種鯡魚，叫做西鯡魚（alose），作法是以葡萄藤烤過，再淋上酸模（oseille）打成的菜泥，或是將奶油炒過的酸模鑲入西鯡魚中，做調味。

再者，波爾多也是白蘆筍和朝鮮薊（artichoke）的名產地。吉倫特省東側的鄰省多爾多涅省則是黑松露和鵝肝的產地。而南側的鄰省朗德省以出產加工鴨、鵝肉聞名。這麼豐富的食材在市場就可以買到，波爾多人真是好口福。

另外，絕對不能不提到甜點。在日本曾掀起一股熱潮的可麗露（Canelé），就是傳統的波爾多點心。可麗露和葡萄酒多少有點關係。葡萄酒在製作的過程，會使用蛋白來清除酒的沉澱物。因為只使用蛋白，當然留下許多蛋黃，據說可麗露就是因此製作出來的。「可麗露」指的就是「有長形紋路」的意思，名字就是源於因其獨特的外觀。由於外表會塗一層蜜蠟再烘焙，因此表面吃起來會脆脆的，而內部則是帶點嚼勁的口感。

波爾多葡萄酒的分級是從拿破崙三世開始制定的

最後，要來說明一下酒的分級。十八世紀是波爾多的黃金時期。當時這附近建造了許多酒莊。舉辦「梅多克馬拉松」的梅多克地區，就是波爾多境內特別優良的紅酒產區。

此地的葡萄酒分級開始於一八五五年的巴黎萬博博覽會。任命者是拿破崙三世。他認為巴黎萬博會帶來商機，為了商談的人們方便，於是制定了一套葡萄酒品質的判斷基準。拿破崙三世制定的標準非常合理，不是根據「好喝與否」、或「喜歡與否」等個人喜好來判斷，而是從當時的買賣價格，將梅多克地區的六十一座酒莊從第一級到第五級，制定分級制度。令人驚訝的是，歷時一百五十年以上，這套標準一直沿襲至今，從沒有變更過。這樣一想，就覺得拿破崙三世對於葡萄酒真的是相當有先見之明。

只是，在波爾多七千五百座以上的酒莊，只有少數是有評價的。有許多連名字都沒有的酒莊，生產的葡萄酒也非常優良。這裡的葡萄酒和食材一樣，相當豐富精彩。從開胃酒的波爾多氣泡酒（Crémant de Bordeaux），到口感辛辣的白酒或是波爾多的主流——紅酒以及代表索甸（Sauternes）產區的甜葡萄白酒，從用餐開始到最後，都可以享用波爾多的葡萄酒。這應該就是「以葡萄酒為主角」的波爾多最有魅力之處。

順道一提，到波爾多地方進行葡萄酒產地之旅時，推薦大家一定要去探訪榮登世界遺產的聖艾米隆（Saint-Emilion）。聖艾米隆位於波爾多市東北方約四十公里處，在多爾多涅河右岸，是個保有中世紀街道的城市。八世紀時，因艾米隆[2]在此過著隱居的生活，而開始有了這座城市。九世紀時，其弟子們挖通大塊岩石，建造了岩石大教堂（Eglise Monolithe）及地下墓地，直到現在都還看得到這些遺跡。這座城市漸漸朝著西班牙基督教聖地「聖地牙哥康波斯特拉古城」（Santiago de Compostela）的方向，發展成朝聖之路。在蜿蜒崎嶇的石板路上邊走邊駐足於兩側的酒坊，在此散步，實在是一大享受。

2 譯註：一位來自布列塔尼的修道士在此修行，感化當地的異教徒轉而信仰天主教。修士和眾多信徒在洞穴裡進行禮拜，更多的修士慕艾米隆虔誠的名聲而來，並興建修道院，圍繞著修道院的居民愈來愈多，逐漸發展成小鎮。

5

盧瓦爾河——文藝復興時代吃的藝術

熟肉醬

Rillettes

將豬肉置於豬油中，油燜數小時，
直到肉快煮爛般柔軟，
再從中取出肉塊並搗碎。
在表面覆蓋一層豬油，來阻斷空氣，
這樣就可以防止味道與香氣產生變化而得以保存。

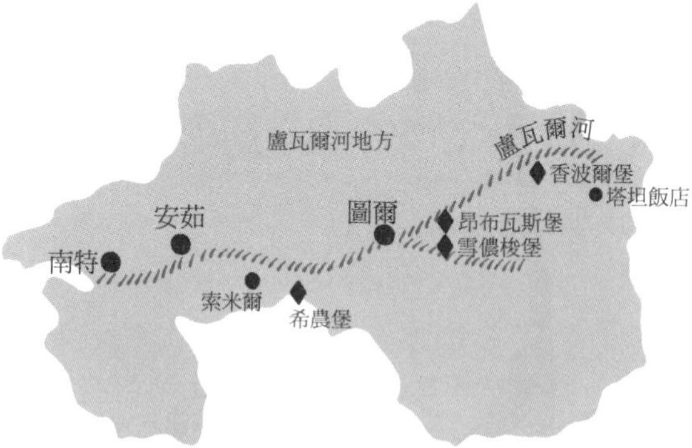

「法國輕井澤」——洗練的盧瓦爾河地方

法國最長的河是盧瓦爾河。源自海拔一千四百公尺的群山，流向大西洋。全長一千公里，流域所及的地方就是盧瓦爾河，有「法國的花園」之稱，是個風光明媚的地方。

盧瓦爾在文藝復興時期，王公貴族競相在此建築城堡，據說有數百座。或許是當時權貴之士放鬆之處。其中規模最大的是美輪美奐的香波爾城堡（Château de Chambord）及以優雅的姿態佇立於河上的雪儂梭堡（Château de Chenonceaux）等，常聚集了來自世界各地的觀光客。從巴黎搭TGV高鐵到中游的圖爾（Tours），只要一個小時，因此時常有人舉辦古城堡周邊一日遊。

羅瓦爾河至今仍保有高級、奢華的形象，就像日本的輕井澤，瀰漫著上等、洗練的氛圍。羅瓦爾河的美麗深受許多人喜愛，從王公貴族到文人都深受吸引。像作家喬治桑（George Sand，法國知名女作家）與她的情人弗雷德里克·蕭邦（Frédéric Chopin），都在此留下許多膾炙人口的作品。此處是個保有文化氣息、充滿魅力的地方。

接著，來介紹盧瓦爾河料理的代表——熟肉醬。本書介紹的地方料理多是燉煮，然而這裡介紹的熟肉醬卻是豬肉加工後的保存食物，在眾多料理中大放異彩。熟肉醬是盧瓦爾的地方料理，圖爾更是在五百多年前就開始做這道料理，相當知名。

圖爾當地出身，也以愛好美食出名的大文豪巴爾扎克（Honoré de Balzac），其代表作之一《幽谷百合》（*Le Lys dans la Vallée*）的開頭，就生動描述了熟肉醬。另外，在盧瓦爾河流域的希農（Chinon）出身、長大，以《巨人傳》聞名的拉伯雷（François Rabelais）據說也對圖爾的熟肉醬讚譽有加。順道一提，希農有個希農堡（Château-Chinon [Ville]），在百年戰爭時，是聖女貞德參見法國王子查理七世（Charles VII）之處，也是歷史上重要之地。

熟肉醬使用的豬肉部位也很重要，基本上都會使用五花肉。須將香氣與美味濃縮至豬的油脂中，並採用油燜（用豬油慢慢燜煮）的方式，煮到肉質相當柔軟時，將其搗碎，再加入豬油混合，使其成膏狀。但是這樣和空氣接觸，會有氧化、走味之虞，因此會在其表面塗上一層豬油，來阻隔空氣。我想這道料理的由來是為了長期保存而想出來的絕佳點子。

沒有冰箱的時代，豬肉就像這樣調理後，放入罐子等容器中，密封起來，可以保存數個月。例如當時鄉間別館的主人要回巴黎的家時，或者可以想像，在戰爭時他們也帶著熟肉醬吧！因為盧瓦爾河地方的森林很多，狩獵活動相當興盛，我覺得這道料理結合了狩獵民族的智慧。

圖爾的熟肉醬為什麼只能用圖爾的葡萄酒來製作？

關於圖爾的熟肉醬有個有趣的新聞。二〇一三年熟肉醬得到歐盟（EU）的IGP認證。IGP就是歐盟規定的「受保護的原產地標示」其中一種，和本書第三章提到的法國AOP一樣，對於農產品的產地及製法訂定條件，以保護原產地的制度。

根據 SOPEXA JAPON（法國食品協會）的資料，規定「圖爾的熟肉醬需使用豬的腿肉或豬菲力（filet），在豬油中長時間燜煮。完成後要將肉切成看得見纖維的大塊狀。使用白肖楠（Chenin Blanc）或生命之水（Eau de Vie，水果白蘭地）可增加肉的香氣。殘留的水分須在百分之六十八以下。」規定使用的白酒須為白肖楠，果然很法式作風。為什麼這麼說呢？我想這是源自於「地方特性密約」的規定。料理就是反映地方的風土文化，如果不考慮食材的在地性，而以廚師個人喜好到處去蒐集、組合，卻沒有將地方特性的同質性搭配起來，這樣是不行的。

本篇介紹的熟肉醬當然也是表現了地方特性的大自然恩賜。不管是豬肉或葡萄，都有許多共通點，同樣吸收地方的空氣及土壤的能量而生長。我認為仔細探究食材和風土之間的關係，是廚師的工作。法國料理雖然給人脫俗、洗練的印象，但其實是地方料理的大集合。即使是米其林三星餐廳的料理，一定也要將廚師故鄉的ＤＮＡ表現到他的料理當中。表現的精緻程度雖各有千秋，然而根本的部分是相同的。基本上就是廚師生長地的地方特性，也就是一定要表現出「風土」（terroir）[1]，我敢斷言不這樣是不行的，因為若不如此，那做出來的料理，就僅僅像是沒有根的草一樣罷了。

廚師不能不遵守的「地方特性密約」

地方料理是由同一地方的食材、調味料及此地流傳的飲食傳統融合而成的。不管是日本或法國的地方料理都是一樣的。例如，北海道的石狩鍋，是使用鮭魚的味噌鍋物。因鮭魚溯川而上產卵的石狩川而命名，原先是漁夫們的伙食料理。假設把鮭魚以鯛魚代替；不用味噌而用醬油，國外的廚師隨意用自己的風格調製的結果，就不再是石狩鍋了。

我的故鄉福岡有道地方料理叫「筑前煮」（一種煮雞肉的料理）的料理，又叫「がめ煮」。其實某個因緣下，我查過這道料理的相關資料。其由來是在豐臣秀吉對朝鮮出兵的時代，為了給士兵增強體力，所以煮了「海龜」（うみがめ）。福岡可以捕獲海龜，但到了明治時代，據說就用比較容易入手的雞肉來取代。

1　譯註：指有相同土壤、氣候、地形、農業技術等共通點的地方，所孕育的作物會有相同的特性。

關於「がめ煮」的由來，還有另一個說法。是由博多腔「がめくり返す」來的。這是翻動攪拌的意思。這道料理有雞肉、紅蘿蔔、牛蒡等各種蔬菜，一起翻動攪拌並煮過，或許因此有「がめ煮」的名稱。「がめ煮」的料理方式是將全部的食材一起用火燉煮，因此具有殺菌作用，也有保存的功能，是自古流傳下來的地方料理。若沒有當地的元素，而加了別的東西，那就完全是另一種料理了。

不管是在日本或是法國，地方料理就是要生根於那個地方，這是食譜中一定要有的必然性。看過日本的法國料理後我的感想是，不了解「地方特性密約」的廚師竟然意外的多。若單是將各種食材或調味料組合搭配，在所謂「有趣」的想法之下，就先去做，這樣做出來的料理就看不出其必然性。料理的獨特性與獨創性雖然是必要的，但應在了解地方特性的密約上，再加入自己的特性。我在做料理時也絕對會奉守「地方特性密約」。

所謂傳承地方特性的味道，了解食材與調味料搭配的必然性，讓當地的食材特色得以延續，並去理解氣候風土。忠實地對待地方特性，不正是廚師的任務嗎？不只是廚師，我認為侍酒師也應如此。在餐廳要享用葡萄酒時，能先了解地方特性的密約，再向客人推薦酒，是侍酒師相當重要的職務。我認為這是讓料理與葡萄酒可以完美和諧搭配的開始。

盧瓦爾河地方的高尚是從時尚先鋒義大利的文藝復興流傳過來的

我們現在要從歷史的角度來思考盧瓦爾河地方的料理。首先，思考看看為什麼此地會有像熟肉醬這種可以保存較久的食物。聽說在中世紀時要進入他人的領地，必須帶自己的特產或名產做為通行許可，並獻給領主。再者，盧瓦爾河地方的周邊王公貴族的城堡相當多，若是能夠帶自己得意的美味料理作伴手禮，這樣的社交往來也會比較密切。罐裝的熟肉醬既攜帶方便，又有保存功效，對雙方而言，應該都是珍貴之物。這樣的社交必要性，也是料理技術發達的一個原因。

人們經常說，法國料理是十六世紀時，義大利梅迪奇家族的凱薩琳與法國亨利二世（Herni II）結婚，深受其影響才發展出來的。十六世紀已經是義大利文藝復興的鼎盛時期，而凱薩琳的家鄉佛羅倫斯更是文化情報發送地的最先峰城市。最先將刀叉帶進法國以及把冰淇淋傳入法國等，凱薩琳和她的專屬廚師在法國料理的文化上扮演著舉足輕重的角色。

凱薩琳與盧瓦爾河也關係深厚。她的丈夫亨利二世有個情婦叫做黛安娜．波提葉（Diane de Poitiers）。亨利二世將雪儂梭堡贈予了她。波提葉非常喜愛眺望盧瓦爾河，於是架了座橋又整修庭園，成為城堡主人住了進去。然而，亨利二世過世後，凱薩琳把波提葉趕出去，變成自己喜歡的城堡，成了舉辦舞會與接待客人的社交舞台。當然，也常在此宴請義大利帶來的精緻料理。

另外，盧瓦爾河還可以找到同樣來自佛羅倫斯的達文西的足跡。達文西是由亨利二世的父親法蘭索瓦一世（François I）從義大利帶來法國的。法蘭索瓦一世所居住的昂布瓦斯堡（Château d'Amboise）附近有個克洛呂斯城堡（Château du Clos Lucé），是達文西最後居住之地。

凱薩琳與達文西，這兩位來自佛羅倫斯的名人，將文藝復興的元素帶入法國的飲食世界。我想這是盧瓦爾河比其它地方脫俗的原因。

活力十足的尼斯料理與貴族王室般的盧瓦爾河料理

盧瓦爾河當地的特產就是山羊乳酪。這或許是戰爭留下的特產。八世紀時，此地被南方西班牙來的伊斯蘭軍攻打，與法蘭克王國展開戰爭。這就是歷史上有名的「圖爾戰役」（Bataille de Poitiers）。最後法軍取得勝利。據說，伊斯蘭軍撤退時，將食用、搬運用所帶去的山羊與用山羊奶製作乳酪的技術，留在此地。因此，盧瓦爾河是法國第一的「山羊乳酪王國」，有各式各樣的山羊乳酪。有味道像奶油般的、也有味道溫和及刺激的，變化豐富，搭配盧瓦爾河出產的葡萄酒，非常享受。

山羊乳酪經常被使用於料理之中，例如，「盧瓦爾河風番茄」。此道料理使用的全部是盧瓦爾河地方的食材，有山羊乳酪、蜂蜜、韭菜及菜籽油。製作方法很簡單，將山羊乳酪仔細攪拌，加入鮮奶油。要勾芡的話，就加入菜籽油和蜂蜜，再將切碎的青蔥與韭菜攪拌後，以胡椒鹽調味，再鑲入中間挖空的番茄就完成了。不論視覺或味覺都很清爽的一道料理。

番茄也是我在尼斯時經常使用的食材，但是不會和山羊乳酪搭配。同樣是番茄鑲物，我的作法則有所不同，例如，我會將前一天烤剩的豬肉或牛肉切細與切碎的洋蔥、大蒜及百里香拌一拌，鑲入中間挖空的番茄，撒上麵包粉後，放入烤箱，加熱烤至呈金黃色。再把奶油放入烤熱時流出來的醬汁中，做成青醬（羅勒醬）淋在番茄上，即完成。此時，使用橄欖油的話，味道會不搭，所以使用奶油。此外，使用大蒜、百里香及羅勒都非常具尼斯風味。番茄的紅色與羅勒的綠色，完全是南法風格，是一道顏色非常生動、有朝氣的料理。

同樣是「番茄鑲物」，和尼斯充滿元氣的番茄料理相比，盧瓦爾河的比較細膩、優美，或許可以比喻成貴族王室的料理一般，這正是可以了解盧瓦爾河料理的其中一例。

梭魚（brochet）、蘑菇、翻轉蘋果塔（Tarte Tatin）

——盧瓦爾河的各種食材

盧瓦爾河深受大西洋的影響，拜海洋型氣候所賜，相對冬暖夏涼。不論季節，氣候穩定，宛如食材的寶庫。例如，河谷流域有梭魚、鰻魚、鯉魚、鱸魚、鮭魚等新鮮漁獲。梭魚法文叫「brochet」，把它與有香味的蔬菜煮過，再加上奶油白醬（beurre blanc sauce），就是道有名的料理。「beurre」是奶油的意思，而「blanc」是白色的意思。醬料的作法是以酸味強的白酒燉煮切細的青蔥，再加入奶油攪拌均勻，是種作法比較簡單的醬汁。梭魚的肉絞碎後，會有特殊的粘性，因此常使用來製作梭魚丸（quenelle）。而南特（Nantes）的白葡萄酒「蜜思卡得」（Muscadet）因為帶有柑橘系清爽的酸味，非常適合搭配海鮮類。秋天到隔年二月是狩獵的季節，可以吃到野兔、野豬、雉雞、鹿、鵪鶉、及鴨肉等山產。

另外，索米爾（Saumur）以種植巴黎洋菇（champignon de Paris）聞名。路易十四非常喜歡此地的蘑菇，因此生產繁盛，現在全法國百分之七十的產量都出自於索米爾。白蘆筍則是另一個特產。這裡也盛產水果，以蘋果製作的點心「翻轉蘋果塔」就是源自於索洛涅（Sologne）的一個小村——莊拉莫特．伯夫龍（Lamotte Beuvron）。順道一提，大家知道其實翻轉蘋果塔是因為製作失敗而意外產生的甜點嗎？十九世紀後半，在此地經營旅館的塔坦（Tatin）姊妹要烤蘋果塔時，忘了鋪上塔皮就把焦糖蘋果放入烤箱。烤到一半才發現錯誤，為了補救，於是把塔皮覆蓋在蘋果上繼續烤，事後再倒扣在盤子上。這道原本失敗的作品意外地成為極受歡迎的法國家常甜點。

盧瓦爾河所發展的葡萄酒產業

盧瓦爾河地方的中央，就像其名一樣，有一條河，就叫盧瓦爾河。人們利用地利之便，發展葡萄酒產業。因為以搬運貨物而言，水路會比陸路安全又可靠。

因為盧瓦爾河沿岸的土壤是石灰質，排水優良、日照充足，自古以來栽種葡萄，也是葡萄酒的名產地。十二世紀統治安茹一帶的安茹伯爵，後來因為繼承英格蘭國王的王位（請參考第四章），使得安茹近郊的葡萄酒得以透過水路運送至英格蘭及法國宮廷，使得盧瓦爾河的葡萄酒有相當高的知名度。中世紀之後，其販賣的通路又擴及到法蘭德斯地方（Flandre，現今的比利時）。十六世紀，更是積極出口到荷蘭。此後，盧瓦爾河地方的葡萄園便開始擴大生產。

盧瓦爾河地方現今的葡萄酒產量是法國第三，有希農、桑賽爾（Sancerre）、蜜思卡得、及安茹等優良的產區，專門釀造各種不同的葡萄酒，有紅酒、粉紅酒、辛辣口感的白酒到甜白酒、還有氣泡酒。同樣石灰質的土壤，如果砂石較多，釀出來的葡萄酒口感就會比較清爽；若泥質較多，則釀出來的酒口感就會傾向強烈的熟成感。

附帶一提，二〇〇〇年時，沙洛納與敘利間的盧瓦爾河谷（Val de Loire entre Chalonnes-sur-Loire et Sully）主要部分被聯合國教科文組織認定為世界遺產，原因是「至今仍活躍的文化景觀」。到此拜訪，享受美酒之外，一定要來看看這片美麗的景色。

6

布列塔尼——「豬比人多」的豬肉王國

豪放

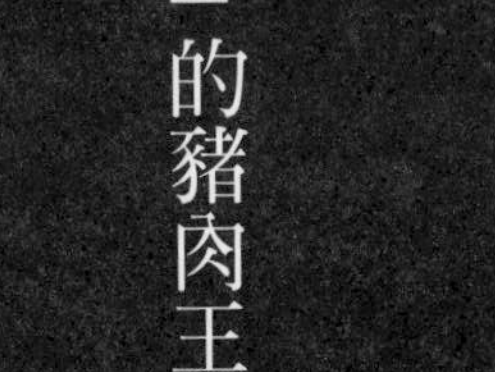

布列塔尼風蔬菜燉肉鍋

Kig ha farz (Pot-au-feu breton)

將豬的腿肉、培根、甘藍菜、馬鈴薯，一起放入鍋中。
然後，將布列塔尼特有的配料：蕎麥粉攪拌，
加入奶油，使其成形，揉成麵團，
並塞入袋中，再放入鍋內，一起燉煮。
基本上和一般燉鍋的作法相同，慢慢燉煮，直到食物的香氣出現。

布列塔尼地方的豬比人多？

布列塔尼地方的傳統料理中，要說日本最熟悉的，應該是可麗餅吧！但最近也漸漸流行用蕎麥粉製作的一種輕食，叫「蕎麥煎餅」（Galette）。

布列塔尼位於法國西北部，英國的正下方，是個牛、豬、羊等畜牧業興盛的地方。特別是豬肉，生產值佔全法國豬肉總食量的百分之五十六以上，因此，大家以「布列塔尼的豬比人多」來形容這裡是豬肉王國。這裡的香腸、火腿及餡餅等豬肉加工品的技術很發達。附帶一提，這裡有道料理和盧瓦爾河的熟肉醬一樣，在二〇一三年取得ＩＧＰ認證。那就是「鄉村肉派」（pâté de campagne，或作鄉村肉醬）。這道料理是以豬肉和豬的內臟製作而成的加工食品，肉必須絞得比平常粗，相對而言，肝臟的比率會高一些，深富風味是其特徵。

布列塔尼風蔬菜燉鍋與其他相比，有何不同？

代表布列塔尼的豬肉料理就是「布列塔尼風蔬菜燉鍋」。燉鍋（Pot-au-feu）的意思就是「點火加熱的鍋」。最初的語源是「爐端的火」。意思就是在爐灶上端放上鍋子，咕嘟咕嘟地燉煮著豬肉和蔬菜，因而命名。這種蔬菜燉鍋法國各地都有，是基本的家庭料理，可以說和日本的關東煮一樣。

但是布列塔尼的蔬菜燉鍋有個明顯的特徵，那就是會使用蕎麥粉。和日本的蕎麥糕一樣，把蕎麥粉攪拌後做成麵團，再塞入袋中，和豬肉一起下鍋慢慢燉煮。要食用時，再把煮好的麵團從袋中取出切片，以方便食用。如此一來，蕎麥團子就可以充分吸收豬肉的湯汁，變得更加入味、好吃。在日本，雖然形狀和使用雞肉這兩點不同，但是吸收湯汁美味的概念和秋田的「烤米棒鍋」類似。

從蕎麥煎餅、可麗餅到蔬菜燉鍋，全都使用蕎麥粉。原因是布列塔尼地方的土地貧瘠，一年到頭都是寒冷的氣候。日照時間也沒那麼長，所以很難種植小麥，栽種蕎麥成為主流。布列塔尼的蕎麥產量占全法國蕎麥生產的八成。小麥從春播到收成需一百一十天，秋播到收成，在降雪的地方，也需三百二十天，不適合土地貧瘠的地方。而蕎麥在日本長野・信濃地方有所謂「蕎麥七十五天收成後，又可以再播種了。」（指蕎麥只要七十五天就可以早早收成了）。蕎麥從播種到收成只要兩個半月，因此像布列塔尼地方這種嚴峻的氣候條件，種植蕎麥當主食，也是必然的了。

此外，這裡也種植許多蘋果。蕎麥和蘋果都是大家對日本長野縣的印象，但非常不同的是，布列塔尼的北邊是多佛海峽（Strait of Dover），西邊是大西洋，南接比斯開灣，三面環海。這樣的地理條件也大大影響布列塔尼的飲食文化。蕎麥煎餅和可麗餅雖都是以蕎麥粉為主要材料，但因為可麗餅是甜點，因此，可以完全成為主食的蕎麥煎餅自然是會先研發出來。最早，是把蕎麥粉桿平，再烤過，可以代替麵包來食用。現在則是加了培根或生火腿、乳酪、蛋及沙拉等，摺疊起來食用。搭配蕎麥煎餅的飲料，是使用當地的特產——蘋果，所製作的蘋果酒。蘋果酒的酒精濃度為五度左右，味道清淡，搭配蕎麥煎餅是絕佳組合。

關於蕎麥還有一個說法。法文的蕎麥粉叫做「farine de sarrasin」，也就是撒拉遜人（Saracen，伊斯蘭教徒）運送來的穀物。可能是十字軍時代，經由伊斯蘭教徒，從海路等非常遙遠的地方傳送過來的，光一個單字就可以感受到此地的歷史。

塞爾特（Celt）族傳入布列塔尼的酒、蜂蜜酒（mead）及蘋果酒

以廚師的角度來看布列塔尼的歷史，有兩個重要的關鍵字，那就是「賽爾特族」及「荷蘭東印度公司」（Vereenigde Oostindische Compagnie）。我會一個個解說。首先，這章開頭說過的「布列塔尼蔬菜燉鍋」，當地的方言叫「Kig ha farz」。「Kig」是指肉，「farz」是鑲物（填塞的東西）。此方言到今天都還有人說，其語源據說是來自塞爾特民族。接下來就一起來探訪布列塔尼塞爾特民族的足跡吧。

卡納克（Carnac）的巨石林是有名的觀光景點。據說是五千年前，塞爾特人所立的，有人說是天文觀測的裝置，也有的說是墓地，眾說紛紜。從巨石林可以聯想得到，這裡原來也

住過塞爾特人。傳說四、五世紀時，因日耳曼人大遷移，日耳曼人中的盎格魯族（Anglos）及撒克遜族（Saxons）入侵英格蘭，原本住在英格蘭，屬於塞爾特族的不列顛人（Britons）於是被逐出，只好渡過多佛海峽，來到布列塔尼。

之後，一直到十六世紀被法國合併之前，此地都是「布列塔尼公國」，以近一個獨立國家的姿態，稱霸一方。至今仍延續著對自己民族相當自豪的民族性，有自己的語言——布列塔尼語（Breton），和英國的威爾斯地方使用威爾斯語一樣，布列塔尼街道的標誌會同時顯示法語和布列塔尼語。當然，不只是語言，塞爾特神話及塞爾特音樂等獨特的文化都有保存下來。

布列塔尼傳承了塞爾特民族的血脈，許多飲品都可看到濃厚的民族色彩，像蜂蜜酒及先前說的蘋果酒。古代的英國（Britian），原住民塞爾特族常飲用蜂蜜發酵製成的蜂蜜酒。歷史也記載，他們同樣也喝蘋果酒。因為蜂蜜很珍貴，蜂蜜酒的人氣變得水漲船高，因此成了王公貴族專屬的高級酒。一般庶民開始飲用以穀物所釀造的「愛爾」（Ale，又稱為麥酒）。是啤酒的前身。這些蜂蜜酒、蘋果酒、啤酒全部都流傳下來，直到今日的布列塔尼都還看得到。以飲品及食物為焦點，來翻閱歷史，總會有意外的發現。

布列塔尼誕生「香料魔法師」的原因

研究布列塔尼的飲食文化的另一個關鍵字，就是「荷蘭東印度公司」。十七世紀半，在布列塔尼的洛里昂（Lorient、L'Orient）設置了東印度公司，作為與印度交易的貿易據點。因為這樣的商業往來，城市變得相當繁榮。東印度公司傳入了金、銀、絹、陶器、還有辛香料。這些辛香料在三千多年後催生了人稱「香料魔法師」的米其林三星廚師。我們就來回溯這些辛香料的源流吧！

對肉食文化的歐洲而言，為消除肉臭及保存，辛香料被當時的人們當作「魔法之粉」。胡椒是印度的馬拉巴海岸（Malabar Coast）和蘇門答臘（Sumatera）的特產；丁香（Clove）和肉豆蔻（Nutmeg）則產於摩鹿加群島（Moluccas Islands，又稱香料群島）。

這個傳統在今日布列塔尼使用的調味料還看得到。這裡有種香料叫「高斯咖哩」（Kari

Gosse）的咖哩口味香料。這是十九世紀由住在洛里昂的藥劑師高斯（Gosse）特別調製的。使用了生薑、薑黃、丁香、紅辣椒、肉桂、胡椒等，混合調製而成的。至今當地在料理捕獲的蝦或蟹、及扇貝等海鮮料理，仍經常使用此調味料。

辛香料的貿易起源要追溯到十二世紀。一開始是由伊斯蘭商人運到埃及的亞歷山大港（Alexandria）等，威尼斯及熱那亞（Genoa）的商人在此購買後，再帶回歐洲各地，因此獲得許多財富。然而，隨著「鄂圖曼帝國（Ottoman Empire）」控制了進出東亞的陸路，威尼斯商人們變得要被課高額的稅金，因此新航路的開拓，成了必要之路。之後，葡萄牙人因為印度航線開發成功，辛香料貿易的主角於是從威尼斯人和熱那亞人轉移至葡萄牙商人。到了十七世紀，荷蘭東印度公司佔領市場，辛香料貿易於是被壟斷。

接著在二十世紀，登場的是有「香料魔法師」之稱的奧立佛・洛林傑（Olivier Roellinger）。這位名廚於二〇〇八年因身體不適，忍痛歸還米林三星的殊榮。因為這是大新聞，或許還有人記得。他的餐廳位於布列塔尼的康卡爾（Cancale），叫做「Les Maisons de Bricourt」，這家餐廳受到米其林頒予三星的人氣菜單是將布列塔尼特產的藍龍蝦

（homard）大膽地佐以香草莢或可可豆等。因其非常善於使用香料，使他一躍成名。之後，他把康卡爾海角邊的豪宅改建成「Chateau Richeux」飯店，並開店販賣自己調製的香料，現在巴黎也有連鎖店。布列塔尼因辛香料貿易而繁榮的歷史，像「遺產」般存留於此地的調味料中。

布列塔尼的一大特產，幫助受災的日本

再來介紹布列塔尼的特產。法國料理的廚師最熟悉的食材就是布列塔尼的藍龍蝦。環顧世界，美國及加拿大也有產龍蝦，但和其它地方不同的是，布列塔尼的龍蝦相當珍稀，味道濃厚，肉質肥美。價格也是其他品種的好幾倍以上。屬於世界級的高級食材，尤其在日本的法國餐廳，更是每年聖誕大餐不可或缺的食材。

布列塔尼的龍蝦比美國、加拿大的稍為細長一些，藍色的外殼帶有白色斑點，加熱後就會變成鮮美的紅色。肉質鮮美富彈性，含豐富礦物質，且味道濃厚。因此只要簡單煮過，或

稍微烤過，就可以在餐桌上擄獲人心。

布列塔尼的特產還有從很早以前就盛行養殖的牡蠣。據說拿破崙還為此聞香而來，特別是貝隆生蠔（Belon）這種扁殼的小型種類，在牡蠣中是最有名的。說到牡蠣，就不能不提二〇一一年日本三一一大地震時，舉辦日本緊急救災餐會（Gala Dinner）的米其林三星名廚亞倫・杜卡斯（Alain Ducasse）。杜卡斯先生探訪氣仙沼市，參加了一個活動，將募得的急救金十六萬歐元（約日幣一千七百六十萬元）遞交給受到毀滅性災害的牡蠣養殖業者，當作重建基金。

這事件的背後有個關於法國與日本以牡蠣為媒介，締結友誼的故事。法國在一九七〇年代，發生了牡蠣受病害的重大事件，牡蠣的病情蔓延開來，使養殖業陷入危機。牡蠣面臨幼體出口、滅絕的危機。當時協助法國牡蠣產業的就是日本的宮城。因此，日本大地震時，法國除了急救金之外，也送達了養殖必要的養殖筏、延繩及牡蠣苗等。這個活動稱為「法國回饋計畫（France OkaeshiProject）。」

布列塔尼的料理很「英國風（anglaise）」

其他還有淡菜等，說到海鮮，應該沒有其它地方比布列塔尼更豐富了。而「布列塔尼魚湯（Cotriade）」就是一道充分使用海鮮的地方料理。其實布列塔尼魚湯就是漁夫鍋，只是簡單調味，就可以細細地品嘗到海鮮的美味。而以白酒蒸的淡菜叫「白酒蒸淡菜（moules à la marinières）[1]」，意指「水手風的淡菜」，是淡菜料理的基本款。

不管是魚湯或是淡菜，布列塔尼的料理方式在法國來說是相當簡單的。我覺得這種料理方式很「anglaise」。「anglaise」就是「英國風」。在料理術語中，因為英國料理大多是蒸煮的方式，因此「anglaise」也有「蒸煮」的意思。布列塔尼的地理位置接近英國，受其影響，這一帶的料理大多是簡單煮過而已，這點和尼斯非常不同。

鹹牛奶糖與法式焦糖奶油酥（kouign amann）

——烘培點心也會使用美味的蓋朗德（Guérande）海鹽

布列塔尼的特產之一是鹽。布列塔尼南部莫爾比昂省（Morbihan）的蓋朗德因海水帶來的鹽田，在太陽下曬乾，製作成鹽。富含美味、溫潤，是頗受好評的鹽。布列塔尼的蓋朗德與普羅旺斯的卡馬格（Camargue）所產的都是天然的海鹽，風味卻很不同。以我的感覺，蓋朗德的鹽礦物質較強、味道較濃；而卡瑪格的鹽則比較清爽、具新鮮的味道。

在日本也很受歡迎的鹹牛奶糖，其實也是源自布列塔尼。在法國，不管是家庭或餐廳用途，都是以無鹽奶油為主，但是布列塔尼的奶油有九成是有鹽的。據說是源自於要讓從布列塔尼港口出發、好幾個月才會回來的遠洋船員能夠保存奶油，於是在奶油罐中加入粗鹽。此

1 譯註：marinières，水手服。

地原本就盛產美味的鹽，於是加鹽奶油的生產就多了起來。因此，布列塔尼從鹹牛奶糖到點心，處處可見充分使用有鹽奶油再烘培的點心。其中，最有名的就是在日本便利商店都可以買到的法式焦糖奶油酥（kouign-amann）。使用酵母菌做成的麵團，裹住有鹽奶油再摺好，撒上砂糖進烤箱烤。烤好後就是一道表面酥脆，中間鬆軟的好吃點心。

從虛構的小羊「pré-salé」，看見法國人的強大

布列塔尼豐富的海水，其實也有助於農業，主角是「海藻類」（Goémo）。說到「Goémon」，日本人可能聯想到石川五右衛門（Goémon，音同五右衛門），但這個字在布列塔尼語是海藻類的意思。據說從以前，這個地方就把海藻當作肥料來施肥，給予貧瘠的土地營養。因此，白花菜、綠花椰菜、及朝鮮薊等的菜田也很茂盛。

另外，吃海邊牧草和苔蘚長大的「鹹草小羊」（agneau de pré-salé）也很有名。「pré-salé」是指布列塔尼地方與諾曼第的邊界附近，聖米歇爾（Le Mont-Saint-Michel）灣及科唐

坦半島（presqu'île du Cotentin）西部沿線遍佈海邊的低濕地帶。此處一年有數次大潮會使水位上升，因而覆蓋於海底下。所以，只適合耐鹽性的植物生長。這裡的草含有海風所帶來的碘和礦物質，吃這種草長大的小羊，據說有獨特的海洋香氣。十一世紀時，曾獻給聖馬歇爾山的修道院，引起朝聖者的注意，然後推廣至全國。而因為放牧的土地有限，生產量無法增加，出貨量又極少，因此有「虛構的小羊」之稱。

我認為「鹹草小羊」是法國成功的行銷策略之一。說到「海邊放牧羊群」，同樣條件的地方不只布列塔尼和諾曼第，愛爾蘭和南半球的紐西蘭也是。只是，農業大國——法國非常擅長行銷。當「布列塔尼及諾曼第的鹹草小羊肉是小羊肉界的勞斯萊斯！」的廣告活動一出，應該就會在世界各地的廚師與美食家間引起陣陣討論。當然，我也覺得鹹草小羊肉很好吃，但說實在的，要說是小羊肉界的勞斯萊斯，未免也太言過其實了。話雖如此，還是可以感受到法國人的強大，他們對行銷的敏銳，讓法國料理的形象深植人心。今日的日本人是不是應該加以學習，培養好的敏銳度？尤其是二〇一三年，和食被聯合國教科文組織列入無形文化遺產，我非常期許自己能好好地運用這個機會，向世界宣揚日本料理的細膩和智慧。

7

諾曼第——擁有豐富乳製品的酪農王國

柔和

嫩煎豬肉佐蘋果

Sauté de porc aux pommes

豬肉煎過後，從鍋中取出。
同一鍋中加入蘋果酒與鍋底的肉汁融合，
煮乾收汁後加入鮮奶油，
再以奶油、蘋果酒醋增加黏稠度做成醬汁。
把煎好的豬肉淋上醬汁，就完成了。
佐以煎過的蘋果作為搭配。

諾曼第的三個關鍵字：奶油、鮮奶油、及蘋果

諾曼第料理的關鍵字：「奶油」、「鮮奶油」及「蘋果」。這三個詞可以說囊括此地的料理。由此可知，諾曼第是「酪農王國」，也是「蘋果王國」。先有這樣的概念，再來解讀諾曼第料理的食譜，就會容易許多。

首先，來看奶油的部分。在法國，依地方不同，料理所使用的油品也大不相同。依照氣候風土，發展出明確的油品文化圈。大體而言，分為以下四類：巴黎以北是奶油區、中部是葡萄籽油區、西南是鴨油區、而南法則是橄欖油區。而支撐法國北部奶油區的就是諾曼第的酪農。中部的葡萄籽油是由葡萄籽所提煉的，是勃根地等盛產葡萄酒之地的特產。西南法因為是鴨肝的故鄉，鴨的飼養盛行，因此鴨油成為當地的主角。而南法因地中海沿岸種植許多橄欖，當然，料理時最常使用橄欖油。我在尼斯的餐廳，製作醬汁或增添風味時，也會使用奶油，但是基本上，還是以橄欖油為主。

使用當地物產來製作料理，這是最自然且必定的事，而這也是法國傳統的飲食文化。因此，我在本書的前言所說的「法國料理是地方料理的綜合體」，就是由此而來。

依地方不同，而有不同的調味料，不只是法國，日本也是如此。例如，味噌是最典型的例子。依不同的製作方式，分為：紅味噌、白味噌、八丁味噌；依原料的不同則分為：米味噌、豆味噌、麥味噌等，依據各地的傳統飲食文化，有所不同，醬油也是。

只是，聽說現在的日本，代代相傳的味噌倉庫和醬油倉庫面臨生存的危機。或許是廣告策略使得全國性品牌[1]強大；也或許是現代人漸漸不吃和食，特別是年輕的世代，這樣的傳統日本調味料文化有逐漸失去的傾向，這是非常可惜的事。

這一點，法國人卻是執著地繼續守著當地的飲食傳統，而且對於自己的傳統文化根源（roots）極為自豪。「roots」若以別的字代替，應改可說成「terroir」。這個字最早是法文，代表「地方特性」的意思，包含土壤及地形、氣候風土、以及當地生息的人們。這種表現，不只法國如此。例如，日本的在地酒也是一種「地方特性」的表現。因產地的氣候風土、米的種類、釀酒師等的不同，而有各種不同的特性。

要說日本和法國最大的差異，那就是對地方特性的概念強度不同。法國人愛鄉愛土的情懷非常深厚。他們對土地的情懷深深反映在葡萄酒及乳酪上，使當地的地方特性得以生存。我認為這是法國人自豪、有魅力之處。這個傳統可以脈脈相傳的原因是，法國是各地可以自給自足的「農業大國」。因此，法國料理可以像這樣有足夠及強勢的農業力支撐。

聖米歇爾山（Le Mont-Saint-Michel）歐姆蛋（omelette）的由來

位於法國西北部的諾曼第地方最有名的觀光聖地應該就是列為世界遺產的聖米歇爾山。聖馬洛灣（Golf de Saint-Malo）的小島有座修道院，自古以來，就是知名的天主教朝聖地之一。而聖馬歇爾山，法文的意思就是「聖米迦勒的山」（聖米迦勒，San Michel 字同米歇

1 譯註：全國性品牌（National Brand），相較於自有品牌（Private Brand），全國性品牌為消費者較為熟悉的品牌。一般認為製造商較有能力進行產品設計、掌握較佳的技術與生產作業流程，因此，全國性品牌較受到消費者的肯定，也享有較高的品牌價值。

爾，但聖經譯為米迦勒），源於舊約聖經中出現過名字的天使長——聖米迦勒。

這裡知名的料理之一就是巨大的歐姆蛋。電視的旅行節目只要介紹這裡，一定會介紹歐姆蛋。此地的歐姆蛋特徵就是外皮酥脆，裡面是半熟般起泡的蛋，可同時品嘗到外酥內軟的口感。要產生這樣的口感，重點在要把蛋白打成像蛋白霜（Meringue）那樣完全起泡。

為什麼會做出像這樣的歐姆蛋呢？其實是源自於對朝聖者的「款待之心」。（在日本的話，四國也有巡禮者〔遍路人〕，當地人也會招待他們水果或點心等）當地人在想，朝聖者經歷千辛萬苦，好不容易抵達聖馬歇爾山，到底要怎麼招待他們呢？不過由於地處四面環海的島，食物不足，生活並不富裕。突然靈光一現，而產生食材用料少，但視覺上卻很豐盛的歐姆蛋。這麼說來，聖米歇爾山的歐姆蛋是源自於對朝聖者的「款待」（hospiality）而製作出來的料理。

「hospiality」的語源出自拉丁語的「hospes」，意思是「旅人的保護者」。之後衍生成「hospital」（醫院）、「hotel」（飯店）、「hospice」（收容所、救濟院、旅客接待所、安寧療護中心等）。另外，與此相關的「restaurant」（餐廳）源自法文，有「使……回復」之意。最早，歐洲的驛站都附設食堂，讓旅人可以用餐、讓疲憊的身體休息，體力得以恢復。這就是餐廳的由來。這也是我時常提醒自己，身為廚師不能忘記的事。

諾曼第的魅力受藝術家喜愛，也是電影的舞台

諾曼第是和許多作家結緣的地方。我一定要傳達給喜歡畫的讀者知道，許多印象派名畫是以諾曼第為背景。克洛德．莫內（Claude Monet）在港邊城市勒阿弗爾（Le Havre）長大，代表作「睡蓮」的所在地吉維尼（Giverny）村，還保留了莫內的家。

距勒阿弗爾約三十公里處是象鼻海岸（Étretat）。莫內、居斯塔夫．庫爾貝（Gustave Courbet）及歐仁．德拉克洛瓦（Eugène Delacroix）等畫家，都深受此地美麗山廓的斷崖與翡翠綠的海水所吸引，留下許多名畫。

盧布朗出身於諾曼第的盧昂（Rouen）。據說莫泊桑（Guy de Maupassant）童年也很喜歡此地，且居住於此。再者，作曲家艾瑞克薩提（Erik Satie）生於諾曼第的翁弗勒爾

（Honfleur）。薩堤與畢卡索、尚・考克多（Jean Cocteau）、莫里斯・拉威爾（Maurice Ravel）、克洛德・德布西（Claude Debussy）等各領域的藝術家都有深交。或許是諾曼第美麗的風景與藝術家的靈魂有共鳴，因此，誕生了許多膾炙人口的藝術作品。

此地最有名的地名應該是雪堡（Cherbourg）吧！電影《秋水伊人》（*Les Parapluies de Cherbourg*）就是以此為背景拍攝的，此處全年多雨，像電影那樣常要用到傘的日子非常多。另外，有「諾曼第海岸女王」之稱的多維爾（Deauville）是高級渡假聖地，人氣很旺，電影《大亨小傳》（*The Great Gatsby*）及作家阿嘉莎・克莉斯蒂（Agatha Christie）的小說中也都曾登場。

鯡魚節傳承著北歐諾曼人的血液

到諾曼第旅行會發現這裡的人和南法有所不同，金髮碧眼、個子很高、體格又強壯的人很多。我想這可能是因為他們有北歐日耳曼民族的血統。諾曼第的意思是「北方人之地」。

諾曼人[2]就是現在的挪威、瑞典、丹麥那一帶居住的北方日耳曼人。因地域特性，他們擅長航海術，從九世紀開始，就入侵波羅的海和北海，進行掠奪（若遇強勁對手，就和平交易），也就是令人畏懼的維京人[3]。

當時法國國王查理三世（Charles III）贈與土地給諾曼人，就是為了防止維京人的攻擊。這就是諾曼第公國的由來。之後，改信基督教的諾曼人，把自己過去毀壞的修道院及教會重建，放下武器，改持農具，開始耕種土地，打下農業王國的基礎。

我還是以廚師的觀點來看，現在的諾曼第還有個活動，仍保有北歐諾曼人的DNA。那就是迪耶普（Dieppe）沿海的街道，每年十一月十一日會舉辦的鯡魚節（Fête du Hareng）。捕獲的鯡魚就在街上用烤肉網炙烤，餐廳也有醃製的鯡魚、煙燻鯡魚、網烤鯡魚等，可以盡情享用。雖然這只是我的想像，但我覺得諾曼第舉行的鯡魚節，正是表現「海上民族」

2 譯註：諾曼人是日耳曼民族的一支，又稱維京人。
3 譯註：Vikings，海盜。

DNA的最好證明。

歐洲缺乏儲存鹽漬肉品的二～三月，不可或缺的食物之一就是鯡魚了。德國的漢薩聯盟也是拜鯡魚的交易所賜，獲得許多財富，是很重要的交易品。日本江戶時代的北前船也是因鯡魚及昆布而獲得許多財富。

豐富的海產從「海上民族」的時代開始

留著「海上民族」諾曼人血液的諾曼第可以吃到很多魚料理。我來介紹一下諾曼第有哪些海產呢？聖馬洛灣（saint-Malo）養殖的淡菜（日本也有進口），這種淡菜的特徵是殼較小，奶油色帶橘色的肉質很紮實，有種要融化般的鮮美口感。二〇〇六年首次取得法國AOC的海鮮認證；收成的時間規定在六月～一月。因強力的潮流帶來豐富的浮游物，才能孕育出如此美味的淡菜。當地常吃「白酒蒸淡菜」，這是一道以青蔥、烹調用混合香料[4]、奶油、羅勒等調味，再用白酒蒸的簡單料理。再者，諾曼第的扇貝是法國產量最高的地方，而聖瓦斯特拉烏格（Saint-Vaast-la-Hougue）也以牡蠣聞名。螃蟹及龍蝦等也很豐富，而且從巴黎開車來，只要兩個小時，因此也有巴黎的小酒館會來向岸邊的漁夫購買海鮮。

而使這些海鮮美味的致勝關鍵就是奶油與鮮奶油，由此看得出「酪農王國」的實力。例如，非常有名的諾曼第地方料理——「諾曼第風奶油燴舌鰨魚」。舌鰨魚經過處理後，放入焗烤盤中，再倒入蘋果酒，接著鋪散奶油，放入烤箱烘烤。剩下來的湯汁移入鍋中煮乾，加入鮮奶油、以蛋黃或奶油勾芡再淋於舌鰨魚上，即完成。蘋果酒的酸味更加帶出奶油及鮮奶油的濃厚感，使味道更有層次。所以說，奶油、鮮奶油、蘋果酒，這三樣是可以表現諾曼第「地方特性」的黃金組合。

---

4 譯註：bouquet garni，是一種香芹、月桂葉等的混合香料。

發酵奶油、卡門貝爾乳酪（Camembert）、利瓦侯乳酪（Livarot）

——酪農王國諾曼第豐富的乳製品

製作諾曼第的奶油、鮮奶油、乳酪的乳源以眼周呈黑色的諾曼第品種的牛為主。日本也進口諾曼第的奶油，例如伊思尼（Isigny）生產的奶油。伊思尼離海和科唐坦半島的溼地很近，氣候穩定且潮濕，這裡飼育的牛隻是吃富含碘的草長大的，所生產的奶油以發酵奶油特別有名。

發酵奶油在日本知道的人可能不多，但在歐洲是很普遍的。這種奶油帶著優格般的淡酸味，香氣十足。伊思尼的發酵奶油在一九八六年取得ＡＯＣ認證。據說，十六世紀時，沒有靠動力操作的離心機，要把鮮奶油從牛奶分離需花好多天。這段期間，鮮奶油自然發酵，就變成發酵奶油了。現在則是加乳酸菌發酵製作而成。

乳製品中，製作乳酪也很盛行。日本最有名的軟質半成熟乳酪（bloomy-rind cheeses，又做白黴乳酪），就是卡門貝爾（Camembert）乳酪，這種乳酪的故鄉就是諾曼第。相傳法國大革命時，有位神父從巴黎逃到此地，他教導一位農婦這種乳酪的製作方式。諾曼第還有一種心型的白黴乳酪，叫納莎泰勒心型軟質白黴（Neuchâtel Coeur）乳酪。另外，還有利瓦侯（Livarot）乳酪、彭雷維克（Pont l'Eveque）乳酪等，都是此地頗富盛名的洗浸乳酪（Washed Rind Cheese）[5]。

諾曼第果酒與北歐蒸餾酒之間意外的關係

再來，不能忘了另一個關鍵字——蘋果。據說，諾曼第有九百萬棵、三百種蘋果樹。諾

5 譯註：此種乳酪在熟成期間，須以鹽水或酒類清洗乳酪表皮，由於乳酪外皮上附著的細菌會發酵，因此味道較強烈。在最後一次擦洗時，有些乳酪會用當地生產的酒擦洗乳酪，因而大多數的洗浸乳酪都具有產地的獨特性格。洗浸乳酪的特徵是：擁有馥郁的香氣與濃稠醇厚的口感；因此，食用的順序是在用餐最後，以甜點的形式品嚐，最適合搭配同一產地的酒。

曼第的位置比葡萄能夠栽種的最北界線——香檳地區（Champagne）更北，因此，這裡盛產蘋果而非葡萄。以蘋果製作的蘋果塔也很有名，還有將蘋果汁發酵做成蘋果酒。將蘋果酒蒸餾兩次，再存放於木桶中的白蘭地，稱作卡爾瓦多斯（Calvados）。置於木桶中熟成，使其從金黃色變成琥珀色，味道也會比較溫和。這種白蘭地因為幫助消化，所以被當成餐後酒飲用。此外，還有一個諾曼第限定的飲用方式。就是在魚料理與肉食料理間，來一杯純的白蘭地（不加水），一口喝完，這樣可以讓胃活化、刺激食慾，更可以享用接下來的料理。

當地人把兩種料理間來上一杯卡爾瓦多斯稱為「諾曼洞」（Trou Normand）。這和北歐的蒸餾酒——阿誇維特（Aquavit 或 Akvavit）飲用方式相似，從這點也可以感覺到他們與海上民族有著關聯之處。

牛肚（trippa）、法式榨鴨（canard à la presse）、內臟香腸（andouille）

——諾曼第的肉食料理

接下來，我想以諾曼第的肉食料理來做總結。燉牛肚是康城（Caen，或作卡昂）的名菜。將汆燙後的牛肚以蘋果酒或卡爾瓦多斯燉煮而成的一道料理。據說是因為以前諾曼第公爵喜歡，而變成一道名菜。這道料理在法國各地有著不同的風格，有奧維涅（Auvergne）風牛肚、朗德風牛肚等，依地方不同會把地方名加入料理名稱中，康城風牛肚是最有名的。

另外，盧昂飼養、作成的法式榨鴨（又稱血鴨）也很有名。這種作法叫做「使窒息」（Étouffer）。這是用針在鴨頭的後面刺一下，使其窒息，但不放血，而採用掐殺的方式。這樣血液會在停留在鴨的體內，使肉質充滿鴨特有的鐵質，而增添風味。這種法式榨鴨（或血鴨）料理是巴黎「銀塔」（La Tour d'Argent）餐廳的名菜。在盧昂當地，這種鴨的料理方式是先將鴨肉烤過，再將烤過的肉汁和血作成醬汁，淋在鴨肉上，即可享用。

豬肉料理有維爾（Vire）的內臟香腸（andouille）。將豬肚（豬的胃）、喉肉、五花肉等，塞入豬的大腸中，再以山毛櫸木來煙燻。但十八世紀開始，作法可能已經有改變。冷卻後的香腸切片後搭配鄉村麵包（Pain de campagne）或燙過後，搭配沙拉、也可以加入蘋果燉煮的料理中。這種香腸除了維爾有之外，也有把內臟塞入豬小腸的都蘭（Touraine）風內臟香腸，叫做「andouillette」、也有里昂（Lyon）風、夏布利（Chablis）風等。

最後要介紹的是，諾曼第風的黑血腸（boudin noir）。這是由豬的血與脂肪，塞入腸中作成的深黑色香腸。在肉舖的店面常盤捲起來賣，剛看到可能會嚇一跳。黑血腸是聖誕彌撒後家族團圓時餐桌上的常客。和蘋果屬性相搭，除了諾曼第之外，法國其他各地也可以吃得到。把用奶油炒過的蘋果弄碎，均勻放入盤中，上面再放烤過的黑血腸，接著送入烤箱烤到些許焦香，也可以加上蘋果醬汁。黑血腸帶黏稠的口感與蘋果香氣濃厚的甘甜，搭配得非常完美，是相當美味的一道料理。

8

亞爾薩斯——飲食文化「很德國」

風骨

皇家酸菜燉豬肉

Choucroute royale

豬肉、香腸、及馬鈴薯搭配酸菜（鹽漬過的甘藍菜），以亞爾薩斯的白酒燉煮。再用杜松子增添風味。

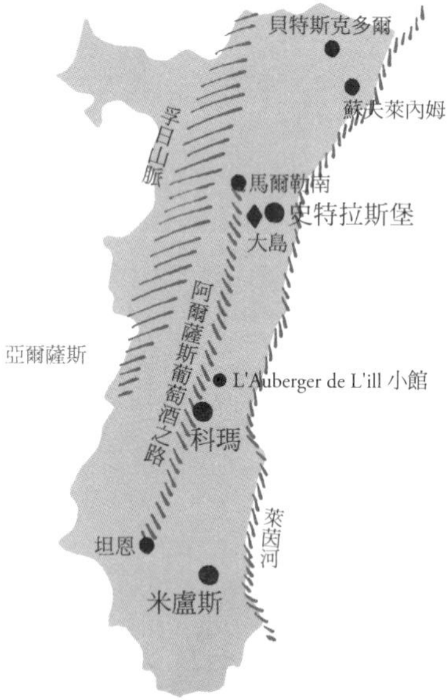

亞爾薩斯人都具職人氣質？

在尼斯有亞爾薩斯出身的足球隊，我跟他們感情很好，一起喝酒聊天時，有好幾次他們都充滿自信地說：「因為我們是亞爾薩斯人啊！」「我們跟南法相近的拉丁式義大利訓練完全不同啊！」確實就像他的評論一樣，他們跟拉丁人完全不同。拉丁人的優點是自由開放又樂觀；缺點是以自我中心的隨興性格。而看過這支足球隊踢球，就會非常了解亞爾薩斯人的不同之處，他們嚴格周密，齊心協力。

像我自己也有尼斯「培育」出來的拉丁特質，但本質上我還是日本人，所以跟所謂的亞爾薩斯人很合得來。其實，我有一個非常好的朋友，是史特拉斯堡（Strasbourg）出身的足球選手，叫做C・簡迪（Cédric Kanté）。因他的父親出身於非洲的馬利共和國，所以他也效力於馬利的足球代表隊，擔任隊長，帶領其足球隊參加非洲國家盃的冠軍總決賽，得到季軍。能夠領導、整合這些都很有個性的代表隊隊員，C・簡迪的領導力相當好。他有領導力強的那面，也有細膩關心別人的那一面。他時常和我聯絡，溝通能力非常好，是個非常好的人。我在東京的餐廳「Restaurant-I」的開幕酒會，他也二話不說，像模特兒般穿了白色西裝，風塵僕僕地來為我送上祝福。

我在南法也常見到許多亞爾薩斯出身的廚師，他們的個性大多相當認真、一絲不苟，做任何事都要求完美。很有骨氣的職人氣質，而且管理能力又好，因此，不只在法國，在世界一流的飯店被拔擢為主廚的有很高的機率是亞爾薩斯人。

日本有名的糕點大師皮埃爾・艾爾梅（Pierre Hermé）就是亞爾薩斯出身的。馬卡龍是亞爾薩斯很有名的傳統點心，而皮埃爾・艾爾梅因為把它更精緻化，因而一躍成名，別號「糕點界的畢卡索」。當然，大師的獨創性與想像力豐富都廣受好評，但也是因為他有精巧又穩定的技術使然。除了料理之外，糕點的作法也需要精密的計算。能像這樣在世界各地都成就非凡的特質，或許正是來自亞爾薩斯的職人氣質。皮埃爾・艾爾梅的店——「Pierre Hermé」，在法國、日本、英國、韓國、杜拜、卡達等快速展店，沒有停下腳步。這正是糕點大師的能力，當然也是因為他超凡的領袖魅力。

亞爾薩斯人的領導力背後有個重要的關鍵，那就是外語能力。亞爾薩斯因為被德國和法國來回統治的歷史事件、地理背景等因素，從法文、德文、英文，依人不同還有義大利文等，語言能力很好的達人非常多，能說多國語言是亞爾薩斯人的強項。別的不說，光是語言能力好，就可以和許多人溝通，這樣要做上領導人物的可能性才會高。

事實上，亞爾薩斯人才輩出，有許多活躍於世界各地的優秀領導人物。例如，雷諾汽車的前總裁兼執行長——路易・許懷哲（Louis Schweitzer）、英格蘭超級足球聯賽（Premier League）、阿森納足球俱樂部（Arsenal Football Club，又作兵工廠足球俱樂部）的教練阿森尼・溫格（Arsène Wenger OBE），都是出身自亞爾薩斯。

亞爾薩斯地方是「法國境內的德國」

亞爾薩斯人的氣質，受到鄰國德國的影響。我們先來確認亞爾薩斯地方的地理位置。亞爾薩斯的位置在巴黎直線向東約五百公里，越過孚日山脈（Massif des Vosges），就會看到與德國交界的萊茵河，這就是亞爾薩斯所在之處，以史特拉斯堡（Strasbourg）為首府。亞爾薩斯地方東側有與德國為邊界的萊茵河，西側則有與萊茵河平行，最高峰為一千四百公尺的孚日山脈。北側與東側和德國為鄰，南接瑞士，近似狹長的長方形。因為孚日山脈抵擋了大西洋的潮濕海風，因此，亞爾薩斯的氣候比較乾燥。再者，盆地地使得它緯度雖高，夏天卻很熱，且冬天極度寒冷。或許是嚴峻的寒冬使本地產生獨特的飲食文化。

接著，我們再來看看歷史的部分。在古羅馬帝國滅亡、日耳曼人大遷移時，現在的德、法周邊是由法蘭克王國統治。九世紀初，法蘭克王國的查理大帝（Charles Ier le Grand 或Charlemagne）過世後，其領土分裂為東法蘭克及西法蘭克，也就是德、法兩國的雛形。亞爾薩斯正好位於其邊界附近，因此飽受兩國歷史的翻弄。

九六二年，東法蘭克的奧托大帝（Otto der Große，又作鄂圖大帝），建立了神聖羅馬帝國，亞爾薩斯成為其領地。之後約七百年，此地都屬於神聖羅馬帝國，即德國。十七世紀時，歐洲爆發了三十年戰爭，而一六四八年的西發利亞和約（Peace of Westphalia）對領土問題進行調停。此後，亞爾薩斯開始納入法國。此後兩百多年，亞爾薩斯都在法國的統治之下，中間還歷經法國大革命。

然而，法國的拿破崙三世在德國普魯士（Preußen）宣戰，普法戰爭於是爆發。隨著法國戰敗，一八七一年，亞爾薩斯再度回到德國手中。在日本也很知名的法國文學家——阿爾封斯．都德（Alphonse Daudet）的短篇小說《最後一堂課》（*La Derniere Classe*），就是描述此時的故事。因為戰敗，亞爾薩斯要成為德國的領土，因此老師向小朋友說「這是最後一堂法文課」。之後，亞爾薩斯於第一次世界大戰後的一九一八年，又回歸法國，但第二次世界大戰的一九四〇年，再度被德國佔領，戰後一九四五年，再次回歸法國。從一六四八年第一次被法國佔領開始的三百年間歷經四次，在德、法之間來來回回的更換國家。

二次大戰後，歐洲評議會（Council of Europe / Conseilde l'Europe）為象徵「歐洲的和平要從德、法兩國的和解開始」的思想，將議會設置於飽受德、法兩國摧殘的亞爾薩斯的斯特拉斯堡。現在，歐盟的歐洲議會也設立於此。

順道一提，史特拉斯堡的德文是「Straßburg」，意思為「街道之城」，意味著地處交通的要塞，非常繁榮。今日的史特拉斯堡擁有萊茵河沿線的法國境內最大港，因交通便利，工商業非常繁榮。從這樣的變遷看來，說亞爾薩斯是「法國中的德國」其實不為過，可以了解它是個擁有複雜的歷史之地。

德、法國間的來回佔領所留下的是亞爾薩斯的遺產

亞爾薩斯的語言也是亞爾薩斯語原是德語的方言，亞爾薩斯村莊所見的木造房屋，也受德國西南部的建築手法影響。德國各地舉行的聖誕市集之習俗，在此也看得到，可見亞爾薩斯深受德國影響。

另一方面，現在的法國國歌馬賽曲（La Marseillaise）也是一七九二年由法國革命軍之史特拉斯堡隊的軍官所創作的。法國大革命深深影響了亞爾薩斯人對法國的歸屬意識。德、法兩國的雙重特性，除了在亞爾薩斯，法國其它地方是看不到的。

二十世紀動盪的時代，在德、法兩國夾縫間生存的亞爾薩斯，其寫照可以反映在史特拉斯堡大學的名稱上。史特拉斯堡大學分為第一～第三大學，文學及歷史等人文科學所隸屬的

第二大學，叫做「馬克．布洛克（Marc Léopold Benjamin Bloch）大學」。布洛克是法國代表性的歷史學者之一，任教於史特拉斯堡大學。二次大戰爆發時，年過五十的他仍毅然投效軍隊。法國投降後，他仍然繼續從事抵抗運動，最後被德軍逮捕、槍決。

法學系隸屬的第三大學，稱為「羅伯特．舒曼（Robert Schuman）大學」。舒曼的父母原先從亞爾薩斯西鄰的洛林（Lorraine）地方逃離，在盧森堡生下他。一次世界大戰時，他曾效力於德軍，擔任士兵，戰後，因亞爾薩斯與洛林都歸還給法國，因此，他首次取得法國國籍。之後，他踏入法國政壇，擔任總理、外交部長。舒曼一生遊走於德、法之間，二次大戰後，他推動現在歐盟的前身——「歐洲煤鋼共同體」（ECSC），促進德、法之間的和解。

亞爾薩斯的文化人代表，許多都和史特拉斯堡大學有些相關。首先是以功勳彪炳而聞名於世的路易巴斯德（Louis Pasteur）。因他自一八四九年起，在史特拉斯堡大學任教五年，因此，物理、生物學等自然科學系及醫學系所屬的第一大學，就叫「路易巴斯德大學」。

而文豪歌德（Johann Wolfgang von Goethe）雖出身於德國，但年輕時，有一年多的時間，都在史特拉斯大學學法文、醫學、哲學及文學等。據說，他經常登上史特拉斯堡大教堂的塔樓。現在這裡還保存著歌德的住宿公寓。

諾貝爾和平獎得主艾伯特・史懷哲（Albert Schweitzer）出身於德國統治時期的亞爾薩斯，在史特拉斯堡大學取得神學博士。之後，又鑽研醫學，並到法屬赤道非洲「Afrique Équatoriale Française，簡稱AEF，現在的彭共和國（République Gabonaise）」推動醫療活動，晚年亦是反核、反戰的領導人物。他還是知名的管風琴家。

另外還有一個不能忘記的偉人，就是十五世紀的約翰・古騰堡（Johann Gutenberg）。他出生於德國的梅因斯（Mainz），在開始從事印刷業之後，於史特拉斯堡發明了印刷機。史特拉斯堡大教堂附近的廣場就是以他的名字命名為古騰堡廣場。

從陶器、纖維到生技產業

——國際都市的亞爾薩斯的各種產業

現在的亞爾薩斯是法國少數的工業先進地區，而且因其地處交通要塞，是許多國際企業聚集的重要之地。而傳統的礦業以孚日山脈豐富的礦產資源為基礎，發展興隆。十八世紀時，以亞爾薩斯南部的米盧斯（Mulhouse）為中心，織物產業也繁榮一時。明治維新時，和日本也有交流，米盧斯的博物館還可保留當時從日本訂購的多種設計樣本。

現在的亞爾薩斯因地利之便，是進入EU大市場的德國及瑞士的入口，因此，這裡聚集了許多充滿國際色彩的企業，也有許多日本的企業進軍此地。史特拉斯堡南部設有亞爾薩斯生技谷（Alsace BioValley）聚落，有近三百五十家生技產業的公司進駐。此外，還有再生能源、纖維材料、次世代汽車等許多先進的產業。

亞爾薩斯也有許多日本觀光客。接下來，就來看看幾個代表性的觀光景點。首先，來介紹本章開頭說過的史特拉斯堡。從巴黎搭TGV（高鐵）約兩個半小時；從德國法蘭克福開車或搭電車，約兩個小時；從瑞士的蘇黎世，約三個小時，不管從哪裡來，都很方便。

一九八八年，萊茵河支流伊爾河（L'ill）的一個島嶼，其舊城區，以「大島」（Strasbourg Grande-Ile）被聯合國教科文組織（UNESCO）登錄為世界遺產。象徵大教堂的一根尖塔，是中世紀時，商人們出資建造的。內部置有十九世紀製作的自動裝置天文鐘，也不容錯過。

史特拉斯堡西部的小法國（Petite France）地區有獨特的木筋牆房屋（maisons à colombages）林列。一到十二月，史特拉斯堡會清一色染上聖誕節的色彩，並舉行全國最古老的聖誕市集（Marché de Noël）。

史特拉斯堡北上約四十公里處的蘇夫萊內姆村（Soufflenheim）和貝特斯克多爾（Betschdorf）的陶器很有名。蘇夫萊內姆的陶器，以此地特有的紅土作為原料製作而成。並在紅色或黃色等色彩豐富的陶器上，手繪花或小鳥等可愛的圖案。這裡也製作亞爾薩斯名菜——「白酒燉肉鍋」的砂鍋。再稍微北上一點的貝特斯克多爾村的陶器，風格又完全不同。這裡的陶器是藍灰色的底色，畫上鮮豔的鈷藍色（Cobalt Blue）圖案。不管在哪一個村購買陶器，都可以盡情享受購物的樂趣。

環遊亞爾薩斯葡萄酒之路（Route des Vins d'Alsace）的推薦景點

環繞著亞爾薩斯葡萄酒產地的亞爾薩斯葡萄酒之路從史特拉斯堡西方約二十公里處的馬蘭海姆（Marlenheim），持續到南邊約一百七十公里處的坦恩（Thann）。這條路上有一百多個村莊，村裡林立著木造房屋，接連排列著非常可愛的建築物。

沿葡萄酒之路南下，進入上萊茵省（Haut-Rhin），就會看到珠玉般美麗的葡萄酒名產村，希伯維列（Ribeauvillé）、希格維爾（Riquewihr）、凱薩斯堡（Kaysersberg）等，相鄰而列。村莊裡，居民的屋頂到處可見白鶴的巢。亞爾薩斯傳說白鶴會帶來幸福，因此很珍視這種鳥。

亞爾薩斯也以法國境內的多城堡聞名。孚日山脈的山城都是中世紀的要塞。現在都還留存著四百多個城堡。其中最有名的是建於十二世紀、位在科瑪（Colmar）近郊的大山城——國王城堡（Château du Haut koenigsbourg）。

葡萄酒之路約略中間的位置，有個城市叫「科瑪」。這裡奇蹟似地逃過戰火，因此木造房屋及石板路等，都還存留著中世紀到文藝復興時代的影子。這裡也有一個地區，運河沿岸整齊美觀的景象，很像義大利的威尼斯，因此有「小威尼斯」（Petite Venise）之稱。可以乘著小船暢遊運河，飽覽街景。周末夜晚，整個城市會打上美麗的燈光，精彩奪目。宮崎駿的動畫電影——「霍爾的移動城堡」的街景就是取材自科瑪。

亞爾薩斯的鄉土料理同時擁有德、法風格

再來說明一下亞爾薩斯的料理。我認為形容亞爾薩斯的飲食文化「很德國」還滿恰當的。說到德國食物，腦中立刻浮現的就是香腸。亞爾薩斯人也經常吃香腸。亞爾薩斯或德國的香腸肉質不是粗的，而是比較細緻的。跟南部吐魯斯的粗肉香腸相比，口感全然不同。因

為香腸是種需要準確計量的食物，因此說是亞爾薩斯人的拿手技藝，我完全同意。

另外，像義大利這種比較熱的南方，製作薩拉米香腸等，都是將生豬肉作乾燥處理、煙燻，但像亞爾薩斯這種北方寒冷之地的作法，多是加熱後再煙薰。以這種方式製作的香腸及火腿等豬肉加工品，在亞爾薩斯很常見。

「氣候嚴寒」也是亞爾薩斯的關鍵字。為了度過寒冷的冬天，夏天就備料製作的保存食物相當發達。尤其蔬菜在冬天是貴重品，為了將許多採收的甘藍菜保存到冬天，所以就想出了做成酸菜的方式。甘藍菜用鹽醃漬後發酵做成的保存食物，從一世紀，古羅馬統治時代就已經有開始食用的記錄，是一種古老的料理。

酸菜舖滿鍋子，上面再放豬肉、香腸、馬鈴薯、杜松子等，加入白酒後燉煮，這就是這章所舉的亞爾薩斯地方料理。食用時，加入鹽和黑胡椒或是芥末。加入芥末的原因，可能是因為芥末的產地第戎（Dijon）就在亞爾薩斯旁邊。豬肉的話，可使用各個部位的肉，包含腿肉。因為杜松子可增添香氣，因此野味料理經常使用，據說也可幫助消化。

亞爾薩斯的典型地方料理——酸菜和設據點於史特拉斯堡的當地啤酒——可倫堡

（Brasseries Kronenbourg），非常合搭。相對來說，是味道清爽的啤酒。像這樣料理搭配啤酒享用，是很德國式的飲食方式。

亞爾薩斯有著被德、法夾攻，因而被操弄的歷史，因此，歐盟將議會設於此。這道傳統的料理，「酸菜搭配德國的豬肉、法國史特拉斯堡的香腸」。我認為這也是一道能表現歐盟的料理。對受到權力、慾望的驅使，爭奪國境、重複政爭的兩國政治家而言，可以說正是因為亞爾薩斯才能提供這樣的料裡。

烘餅（tarte flambée）、馬拉特醬燉魚（matelote）、白汁蛙腿（mousseline of frog legs）——亞爾薩斯的各種農民料理

另外，還有起源於亞爾薩斯的農民生活的地方料理。例如，「白酒燉肉鍋」（baeckeoffe）這道料理就是麵包烤窯的意思，其起源要追溯到十九世紀。當時，每個星期有一天是所謂的洗衣日，婦女們要花一天的時間來洗衣服。因為沒有時間做飯，所以在前一天

晚上，就先把肉用白酒醃漬，到了早上，就把肉跟蔬菜放入一種獨特的深底橢圓形砂鍋中。然後拿到熟識的麵包店寄放。等麵包烤完後，再把砂鍋放入麵包烤爐中，利用烤爐的餘溫慢慢加熱，等女士們洗完衣服回來後，也剛好燉煮完成。本書所介紹的豬肉料理大多是燉煮的料理，雖然依地方而有所不同，但是地方料理的根本都是源自沒有爐灶的時代，必須向附近的麵包店借烤爐來做料理，這個由來第四章也有說過。

另外，亞爾薩斯的烘餅也是地方料理的代表。薄薄的餅皮上，放上煎過的培根、洋蔥、奶油乳酪（cream cheese）等混合而成的配料，再烘烤過。從單純只放培根的烘餅，到放上火腿或蘋果等各式各樣的配料變化，口味多元。

之前說過，朗格多克等西南法的鴨肝是當地名產，亞爾薩斯則是養了許多鵝，因此特產是鵝肝。每到聖誕節或是新年的餐桌上，就會有烤鵝鑲物料理。

孚日山脈狩獵的野食種類豐富，有兔肉、野豬、雉雞、鵪鶉等。與德國麵疙瘩（Spätzle）——一種類似義大利麵疙瘩（gnocchi）的麵食，是餐桌上的常客。孚日山脈也有亞爾薩斯唯一的乳酪特產——曼斯特乳酪（Munster），這是源自於山中的曼斯特山谷有座修道院，裡面的修道士們以放牧的牛隻乳源所做的洗浸乳酪。

萊茵河與其支流可以捕獲各種淡水魚。以葡萄酒燉煮的馬拉特醬燉魚（matelot）是將梭魚、鯉魚、鱸魚、河鱒、或鰻魚等切成小塊，再以麗絲玲（Riesling）品種的白酒來燉煮。

亞爾薩斯人從以前就開始吃蛙肉，當時史特阿斯堡的魚市場旁，就有蛙肉市場。萊茵河支流依爾河畔，有個叫做伊爾奧森（Illhaeusern）的小村莊，其中有一家經營了四十年的米其林三星餐廳——「l'Auberge de L'ill」，是亞爾薩斯的米其林三星餐廳代表，其招牌菜就是白汁蛙腿。

很不法國的亞爾薩斯麵包與葡萄酒

德國飲食文化對亞爾薩斯的影響也表現在麵包上。咕咕洛夫麵包（Kouglof，或作奶油圓蛋糕）是路易十六的王妃瑪麗．安東尼（Marie-Antoinette）所喜歡的食物，這麵包就是她從祖國奧地利帶來的。是一種使用大量蛋和奶油的布里歐（Brioche，法國奶油麵包）風麵包。形狀是用一種獨特的波形烤模烤出來的，這種形狀的麵包在德國北部很常見。在德國，基督教的節日會吃這種麵包。形狀獨特的布里歐麵包也常被裝飾在史特拉斯堡的麵包店家。

亞爾薩斯的糕點也很有名。黑森林蛋糕（gâteau de forêt noire）的名稱由來是因為從亞爾薩斯渡過萊茵河，對岸就是德國一片廣大的黑森林（法文是 Forêt noire，德文是 Schwarzwald）。「黑色」其實就是巧克力口味的海綿蛋糕，再大量使用此處森林盛產的櫻桃。這種蛋糕在德國也有，叫做「Schwarzwälder Kirschtorte」。

亞爾薩斯因產多種水果，如黑櫻桃、櫻桃、草莓、蘋果等，因此可以看到各種水果塔。德國的文化也可從葡萄酒中看到。亞爾薩斯的葡萄酒瓶和德國的一樣，瓶身比較瘦長且稍微高些。另外，白酒種類很多，但是亞爾薩斯栽培最廣的是有德國酒王之稱的麗絲玲品種。

如果去「亞爾薩斯小餐館」（Winstub），就會看到綠色的高腳酒杯。十九世紀時，亞爾薩斯開始有玻璃杯，而它的起源要追溯到十七世紀。從那時起，萊茵河流域就開始使用玻璃杯了。

亞爾薩斯嚴寒的氣候中，為了讓冰冷的身體能快速溫熱，酒精濃度高的蒸餾酒是首選。

亞爾薩斯通常會用成熟的水果作為基底，做成水果白蘭地或利口酒（liqueur）。以櫻桃、威廉（William）品種的西洋梨、李子、紫香李（quetsche）、覆盆子、草莓等為原料，製成的水果白蘭地或是利口酒，種類之多，無人能比。

亞爾薩斯的職人氣質與感性拉丁風，融合而生的創意

我多年來應史特拉斯堡的職業訓練學校所邀，以廚師的經驗，一年一度對聽眾演講。演講的題目是「何謂創意」。他們會幫我準備當地的基本食材，三天的演講會做出約六十道料理。其實第一年，當我向負責人傳達了「如果有準備當地的食材，當下可以做出約二十道料理。」、「或許可以即興發揮。」時，他們根本不相信。對於事前要做好完美準備的亞爾薩斯人而言，我的拉丁式做法是他們完全無法理解的。然而，第一天，我就在早上三個小時，下午三個小時之間，一眨眼就完成二十道料理，他們著實嚇了一跳，此後每年都會邀請我去演講。

為了要教「何謂創意」，因此以酸菜作為題材，思考傳統的酸菜要如何創新，要用哪種方式呈現。因為我認為可以把自己對創新的想法呈現在那個過程中。我很樂意透過演講，給做事一絲不苟的亞爾薩斯廚師們，撒上「豐富的想像」之香料。

料理擺盤可分成「一致性的美」和「和諧的美」兩種擺盤方式。我到目前為止，甚至之後都會繼續挑戰後者。這麼說可能有些狂妄，但是如果我可以將想法傳達給亞爾薩斯的廚師們，而且他們也覺得非常適用的話，那就是「法國的世界也能擁有拉丁式所能創造的感性和諧。」

9

隆河－阿爾卑斯

——米其林星級餐廳的聚集地

洗練

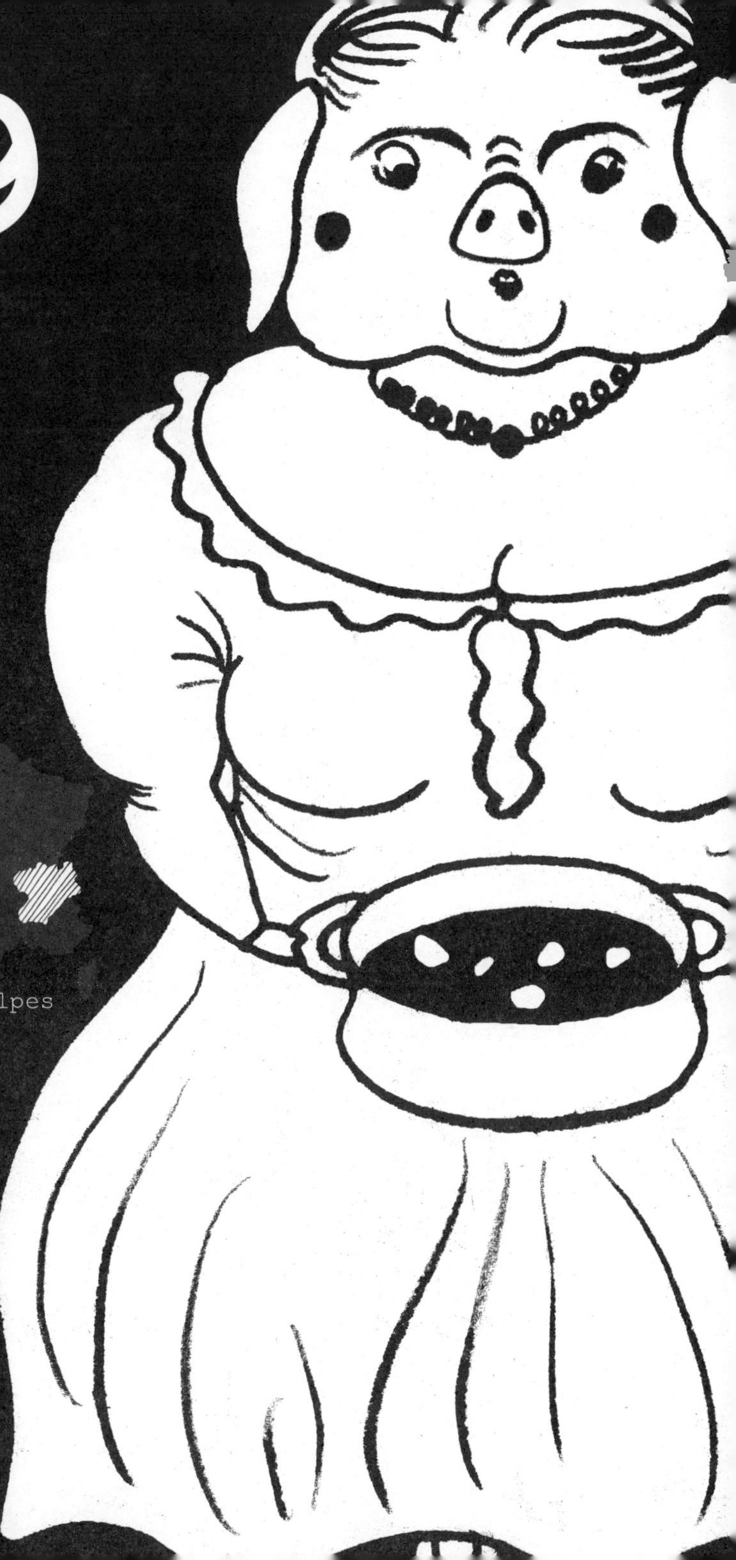

豬頭肉凍

Fromage de tête

豬肉的肉以外的其他部位
例如：耳、鼻、腳等，全部一起煮、
加上胡椒鹽調味，等成型後冷卻。
因豬肉自體有膠質，會自然凝固，
因此待成型後切片，並添加配菜即可。

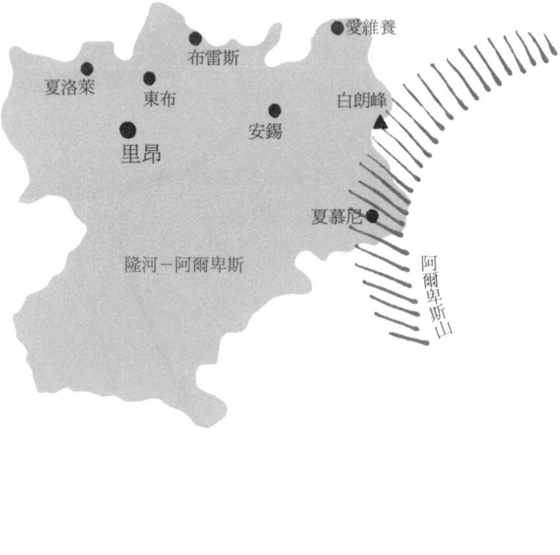

米其林星級餐廳的根據地，聚集在隆河－阿爾卑斯的理由

從法國料理界有巨人之稱的保羅・博庫茲（Paul Bocuse）起，喬治布蘭克（Georges Blanc）、皮耶・托格侯（Pierre Troisgros）等世界名廚的根據地，大家知道是在哪裡嗎？其實答案就是本章要介紹的隆河－阿爾卑斯。隆河－阿爾卑斯的空中入口就是里昂－聖艾修伯里機場國際機場（Aéroport Lyon-Saint Exupéry）。這是因冒險家也是《小王子》（*Le Petit Prince*）的作者聖修伯里（Antoine de Saint-Exupery）在此出生而命名的。

因有國際機場，就會使觀光業發達，特別是山中的渡假勝地非常高級。以伯朗峰（Mont Blanc）為代表的阿爾卑斯山，有一個登山、滑雪的渡假勝地——夏慕尼（Chamonix）、以水聞名於世的溫泉度假勝地愛維養（Evian）、仍保留十二世紀老街的安錫（Annecy）等觀光勝地一個接一個。

隆河－阿爾卑斯有許多米其林星級餐廳聚集。這就是首府里昂（Lyon）被稱為「美食之

都」的原因。但到底是為什麼呢 ？首先，大家可能會覺得是此地和其它地方相比食材特別豐富。然而，我認為不能一概而論。再怎麼說，法國也是世界上少數的農業大國，整體海產、山產非常豐富。並非只有此地特別豐富而已，其它地方也同樣有食材嘉惠，我認為條件大致相同。

那麼，差異到底是在哪呢？我認為是料理的精緻度不同，也就是料理技術的層次不同。或許原因就在於跳脫使用在地食材和質樸的地方料理領域，達到會讓世界各地的美食家也讚賞的「美食」層次。但這非常不可思議吧！為什麼只有這個地方這樣？背後有什麼原因嗎？

大師保羅．博庫茲的料理有「媽媽的味道」？

為了找到線索，就來看看被稱為世上最有名的廚師也當之無愧的保羅．博庫茲。他曾發起所謂的「新潮烹調」（Nouvelle Cuisine），是一場料理革新運動。以下是他的經歷摘要：

保羅．博庫茲一九二六年出生於里昂郊外的料理世家。二十歲時，到里昂的「布哈吉耶媽媽」（La Mère Brazier）餐廳實習。之後，受到「金字塔」（La Pyramide）餐廳的費那普安（Fernard Point）薰陶，於一九五七年回鄉，接掌家族餐廳——「保羅・博庫茲」（Paul Bocuse）。隔年，他的餐廳獲得米其林一星的榮耀。一九六一年，榮獲法國最佳職人獎（M.O.F. - Meilleurs ouvriers de France）

值得注意的是，他曾在里昂的「La Mère Brazier」餐廳實習。這個店名的意思是「布哈吉耶媽媽」。不免令人覺得，法國料理界的巨星年輕時實習的餐廳叫做「媽媽」？日本人會覺得，這樣的餐廳是能享用到媽媽味道的小店，或是像賣定食料理的店，但其實在里昂，完全不是那回事。這是要了解此地料理特徵的第一個關鍵。

里昂的媽媽料理全都是「布爾喬亞（bourgeois）媽媽」料理

十九世紀末，里昂周邊有很多店名聽起來很親切的店，都是「××媽媽」，例如，「布朗媽媽」（La Mère Blanc）、「蓋依媽媽」（La Mère Guy）、「費永媽媽」（La Mère

Filloux）。這些店都有「媽媽們」在廚房大顯身手，但她們所做的料理不是「有媽媽味道」的質樸家庭料理。

她們所做的都是資產階級的料理，何以媽媽們都是做資產階級的料理呢？那是因為當時里昂是金融與紡織業繁榮的經濟都市，有許多資產階級在此生活。也就是說這些里昂的媽媽們是在有錢人家擔任廚師的工作。

然而，十九世紀後半開始，隨著社會結構的變化，為資產階級家庭服務的廚師媽媽們，頓失職場舞台。同時間，因產業發展與第一次世界大戰爆發，折損許多男性勞動者，因此，擁有一身廚技的媽媽們一有機會就會自己開店。

里昂因紡織業發達，所以，首先以在工坊工作的人們為對象，將家庭料理與資產階級料理融合，成為簡單但高質感的料理。例如，法式燜松露雞（Poularde en vessie）和牛骨髓刺菜薊（Les cardons à la moelle）。

保羅・博庫茲實習之處的媽媽叫尤金妮布哈吉耶（Eugénie Brazier），她年輕時曾在大豪宅中負責豪宅家庭的料理。之後，她到當時有名的餐廳——「費永媽媽」實習，一九二二年，就在自己的餐廳「布哈吉耶媽媽」（La Mère Brazier）擔任老闆兼廚師。她以廚師的身分快速嶄露頭角，她的忠實顧客名單有：戴高樂將軍（Général de Gaulle）及里昂市長等。

布哈吉耶越來越有名的原因還有一個，那就是大家都知道的，獲得米其林指南所評鑑的星級餐廳。米其林是世上少數的輪胎廠商。事實上，其根據地就在隆河－阿爾卑斯的旁邊——奧維涅（Auvergne）地方，一個叫「克萊蒙費朗」（Clermont-Ferrand）的城市。一九二六年，米其林輪胎因汽車產業發達，為了日益漸增的長途旅行者，他們做了一個劃時代的行動，那就是對餐廳進行評鑑。

這是源起於一九〇〇年巴黎萬國博覽會時，為了給駕駛人導覽所發佈的地圖。他們預估開車的人口隨著時代增加，輪胎的消費也會增加，於是思考做一本餐廳指南。而其中布哈吉耶於一九三三年，以首位女性的身分榮獲米其林評鑑的三星。

里昂的「媽媽們」所做的料理，不是我們一般印象中那種充滿「媽媽味道」的料理，而

1 譯註：將雞封入豬膀胱去煮的料理。

是一身廚技的「資產階級媽媽」料理。而這也是日後催生保羅・博庫茲聲望的基礎。這實在是個令人玩味的話題。

法國國王結婚為什麼要在里昂舉行？

像里昂這樣孕育出「資產階級媽媽們」的背景雖然是因為此地有著強大的經濟實力，但當然不止這個原因。事實上，對此地的飲食文化有莫大貢獻者，還有一位人物，這位人物也是女性。這是理解里昂料理的第二個關鍵。

她是瑪莉梅迪奇（Marie de Médicis）。她是義大利佛羅倫斯梅迪奇家族的女兒。要詳細說明她的事情之前，先來一趟時間旅行，回到非常非常早以前。里昂在遙遠的古羅馬時代是個繁榮的都市。有個可以體會悠長歷史的地方。那就是西元前一五年所建的羅馬劇場。這個劇場，令人驚訝的是，到現在還在使用，還會舉辦歌劇演出及演唱會。而且，可以容納一萬名觀眾，是法國最大的劇場。

里昂的繁榮背景有其地利之優勢。它位於西歐約中心的位置，為索恩河（La Saône）與隆河兩大河川交匯處，是水陸交通的要點。十五世紀前半，會舉辦國際性的定期市集，是德國或荷蘭等歐洲北部的商人們聚集之所，經濟活動非常活躍。

之後，十五世紀半時，佛羅倫斯的梅迪奇家族首次拓展銀行的分行，並開設法國第一個證券交易所，里昂逐漸發展成一個商業都市。十六世紀前半，里昂第一個絲織品的工坊誕生，富裕階級建造起當時流行的文藝復興式豪宅。留存至今的舊城區，也是世界遺產中的「文藝復興地區」。

里昂的中心有座聖約翰大教堂（cathédrale Saint Jean）。一六〇〇年，法國國王亨利四世與梅迪奇家的女兒瑪莉在此舉行結婚典禮。值得注意的是，國王的結婚典禮不在巴黎，反而到里昂舉行。這應該就是里昂身為美食之都的起源吧。

直到現在，還是可以感受到梅迪奇家族的足跡。我朋友在里昂舊城區的一家飯店當經理，之前曾去拜訪他。那家飯店叫「佛羅倫斯旅館」。至於為什麼在里昂，卻叫佛羅倫斯旅館呢？因為梅迪奇家族以前在里昂設置過銀行，也在這裡舉行女兒瑪莉的結婚典禮，這裡和梅迪奇家族的關係密不可分。

順道一提，瑪莉和亨利四世舉行結婚典禮的聖約翰大教堂裡有座九公尺高的巨型天文鐘，一天會有數次，上面的活動人偶會動起來，和時鐘的聲音一起報時，至今仍是觀光客的熱門景點。

瑪莉的一生可以在巴黎的羅浮宮美術館（Musée du Louvre）看到。畫家是十七世紀的代表，巴洛克的大師——魯本斯（Peter Paul Rubens）。羅浮宮美術館有「梅迪奇廳」或又叫「魯本斯廳」的常設特別展示廳，內展示以「瑪莉梅迪奇的一生」為標題的二十四幅大作。這些畫作最早是放在巴黎的盧森堡宮殿內展示用，據說是瑪莉本人向魯本斯訂購的。

隨著梅迪奇家族公主一起帶來的「肉完食」文化

瑪莉從佛羅倫斯帶著廚師，嫁到法國來。當然也會把義大利的飲食文化傳到此地。那個影響是無法估計的。其中之一就是將牛肉或豬肉徹底完食。尤其到今天里昂的名菜——各種內臟料理，我覺得都還看得到那個文化殘留的片段。像本章所介紹的豬頭肉凍應該也可以說是這種文化的代表。腿、背、肉的部分是上流階級吃的；耳、鼻等其他部位才是庶民吃的。用豬血做的黑血腸或許也是受這個文化影響，從古羅馬時代，就是餐桌上常出現的食物。古羅馬的廚師阿匹西烏斯（Apicius），據說在他的料理書也有記載這個食譜。

另外，像把牛的胃煮軟之後，切細和洋蔥一起炒的里昂式牛肚（gras-double à la Lyonnaise）；牛胃裹麵包粉再油炸的炸牛肚（tablier de sapeur）及鑲物料理的內臟香腸（andouillette），是把煮過的小牛腸間膜切成細長繩狀，用白酒、芥末、洋蔥、辛香料等醃過，再塞入腸內，這是里昂的料理方式。另外，現在日本也很知名的「雞肝慕斯」最早也是里昂的名菜。其作法是將雞肝、鮮奶油、蛋、小麥粉、辛香料用攪拌器攪拌，放入模型後，隔水加熱。完成後可切薄片搭配木棍麵包（baguette）吃。

當然豬肉的加工品——香腸，也是受義大利的影響。里昂的香腸可以吃到豬油、開心果、黑胡椒的顆粒，這跟義大利佛羅倫斯南方的艾米利亞——羅馬涅（Emilia Romagna）地方的薩拉米香腸相似。

在法國要吃地方料理的話，不是去「餐廳」（restaurant），而是要去小酒館（bouchon）

這樣驗證下來，就可以了解到里昂的飲食文化留存著濃厚的羅馬色彩。里昂流傳的傳統料理——熱香腸（saucisson chaud）是將粗香腸煮過，佐以里昂特產的馬鈴薯。另外還有加入開心果的香腸裹在麵包裡的「麵包裹里昂香腸」（saucisson en brioche à la lyonnaise），也是有名的地方料理。像這種地方料理都可以在里昂被稱作小酒館（bouchon）的平價料店裡吃到。如果看米其林指南的里昂那頁，「餐廳」（restaurant）後面，就會刊登「小酒館」（bouchon）。「小酒館」會比「小餐館」（brisro）還要輕鬆、非正式些，是里昂特有的文化產物。

「小酒館」的名稱由來有的說是，有人專門販賣麥稈給此地來往的商人，讓他們餵食馬匹，並提供有附酒的簡單便當給騎士旅人。也有說是，因為以一把小樹枝或一團麥稈（麥稈的法文就叫 bouchon），掛於店門口，代替看板，作為提供料理的旅館之標示，因此演變而來。各種說法都有。無論哪一種說法，在小酒館，可以吃到料多價格又實在的地方料理，實在令人開心。

絲路與永井荷風——里昂和日本的意外關係

里昂有一個名字特別的地方料理，叫做法式香草白乳酪（cervelle de canut）。「cervelle」是腦漿的意思，「canut」是絲綢工人，也就是「絲綢工人的腦漿」，事實上是乳酪料理。這道料理是將青蔥等香草切細後，混合白乳酪，再與鮮奶油、葡萄酒、酒醋、油等調合。因為絲綢工人們喜歡吃這個當早餐，因而命名。

連料理名稱都以絲綢工人命名，就可以知道里昂是個絲綢製品交易繁盛之地。直到現在，此傳統還一直傳承下去，例如，製造愛馬仕絲巾的工坊就是在里昂。

另外，里昂的絲綢產業意外地和日本產生關連。最早絲綢是在十五世紀後半從義大利傳進來的。一五三六年，為了抗衡義大利的絲綢進口，法國國王法蘭索瓦一世（François I）獎勵絲綢產業，並允許織布機設立於里昂。到了十七世紀，路易十四在里昂建立了皇家絲綢工廠，這裡於是成為絲綢產業中心。十九世紀初，法國爆發了工業革命，法國人賈卡（Joseph Marie Jacquard）發明的紡織機（又以他的名字命名，因此又稱賈卡機）開始活躍，絲綢產業因此發展起來。

然而，卻發生了阻礙這個發展的重大事件。一八六〇年，以法國與義大利為中心，爆發蠶病，法國的絲綢產業大受打擊。剛好此時鎖國的日本才剛開放橫濱港，因此自日本出口了許多未染病的蠶卵。

進入明治時代後不久，就雇用外國的生絲技術人員——保羅・伯內特（Paul Brunat）來日本，他將正式地將製絲技術傳入，而這個技術造就了富岡製絲廠。在此生產的生絲從橫濱港到馬賽港、然後再到里昂，法國的絲織品才得以重獲新生。橫濱和里昂之間從此有了「絲路」。也因為這麼深的緣分，現在里昂和橫濱還因此成為姊妹市。

說到「絲路」，里昂的舊城區有一種叫做「串廊」（traboule）的通路。這種通路連接建築物與道路之間共有五百多個，所及之處，像網眼般遍佈。據說這是為了不讓絲綢工作人員淋到雨，和防止設計圖被盜所建造的通道。也成為二次世界大戰中，從事抵抗活動的相關人士逃難的通道。里昂的舊城區真是個很有歷史感的地方！

里昂是金融都市，許多法國銀行的總行都設立於此。一九〇七年，荷風以橫濱正金銀行的行員身分赴法，他把在法國的經驗寫成代表作——《法蘭西物語》。而「現實中看到的法國比沒看見前更美、更優雅」這樣的感受，與在里昂看到的風景或人們，沒有什麼不同。

布雷斯雞（Poulet de Bresse）、夏洛萊（Charolais）牛、東布（Dombes）的蛙——里昂特產的各式食材

料理名稱只要有「里昂風」（Lyonnaise），可以說這道料理就會使用切片的炒洋蔥。例如，「里昂風歐姆蛋」、「里昂風嫩煎馬鈴薯」、「里昂風法式洋蔥湯」等。

里昂還有個不能不提的名菜——「里昂魚丸」（quenelle）。這是將梭魚磨碎，加入蛋

黃及奶油等，攪拌後製成丸子形狀的料理，跟日本魚板類似，但比較鬆軟。魚丸煮過後，加入奶油醬汁，作成焗烤。

再來好好了解里昂的食材——布雷斯雞、夏洛萊牛、東布蛙等。對法國人而言，雞會比豬更有貼近的存在感。例如，法國的國家足球隊暱稱就是「Le Coq」（公雞）。

法國最有名的雞是布雷斯地方的雞，其特徵是全白的羽毛、漂亮的雞冠、藍色的腳。布雷斯的養雞始於中世紀。十七世紀後半，牠的美味在各地獲得好評。布雷斯的雞也獲ＡＯＣ指定，對於飼養方式、飼養場所的面積、飼料及出貨方式等，規定非常詳細，以確保品質。從雞蛋變成小雞，要在保育場飼養約三周，之後七到九周期間要放養。另外，穀物粉、玉米、乳製品等飼料是決定肉質的關鍵。

使用布雷斯雞有名的地方料理有「法式紅酒燉雞」（coq au vin）。這道料理使用里昂北方的薄酒萊村（Beaujolais）生產的紅酒來燉煮。另外，還有一道也很有名的是「奶油燉雞」（poulet à la crème）。是使用布雷斯的奶油與鮮奶油所作的極品醬汁來燉煮的料理。

餐廳料理的話，則有「寡婦雞」（poularde demi-deuil，demi 是一半的意思，deuil 是喪服）。這是前面說過的「費永媽媽」發明的料理。在布雷斯雞的皮和肉之間放入薄切的黑松露，連同香味蔬菜一起熬煮一個小時。把雞撈起來後，其煮汁再熬成醬汁。因為是白色的雞與黑松露的組合，很像穿了一半喪服的寡婦，因而得名。這是依照里昂雨湊雲集的美食家之喜好所打造的在地名菜，至今都還能在「布拉吉耶媽媽」的餐廳，也就是保羅・博庫斯實習的那家餐廳吃得到這道料理。

夏洛萊的牛也是此地周邊很自豪的食材，發源地是叫做夏洛萊的村莊。毛色潔白的大型牛，因為肥肉很少，所以很適合搭配法國料理醇厚美味的醬汁。另外，東布的沼澤及溼地多，開頭提過的蛙、小龍蝦、鯉魚，還有鱒魚的養殖也很盛行。

與飲食相關的還有鄰近地區也盛行畜牧業。有博福爾乳酪（Beaufort）、托姆乳酪（Tomme）、賀伯羅頌乳酪（Reblochon）等各種好吃的乳酪可以享用。

隆河－阿爾卑斯是個包羅傳統地方料理到米其林星級餐廳精緻料理的地方。在此可以感受到法國料理的深奧，我一定要讓大家知道，它源自於羅馬的飲食史。

10

科西嘉——自給自足的家庭料理

獨創

豬肉鑲物佐栗粉製可麗餅

Médaillon de porc farci aux blettes et au brocciu, Crêpes à la farine de châtaigne

豬菲力肉的中間以布霍丘乳酪（brocciu）為基底，將瑞士甜菜鑲入再烤過。

搭配的是栗粉做的可麗餅。

栗粉以水和蛋攪拌，使其濃稠成形。

拿破崙出生的島

法國地方料理的拜訪之旅，最後拜訪之地是科西嘉島。這是座落在地中海上，拿破崙出生的島。

科西嘉有一項我很喜歡的特產，日本可能比較不熟悉，那就是科西嘉產的「布霍丘乳酪」（brocciu）。這種乳酪非常清爽，而且很好吃。與其說做為飯後的乳酪食用，不如說比較像前菜的沙拉。我在家裡經常吃，只要將布霍丘乳酪、番茄、野生的芝麻葉、橄欖等，放入盤中，加上橄欖油，撒上胡椒鹽就可以吃了。此時的番茄要選西西里產的迷你番茄，雖然像鴿子心臟那樣小的番茄，卻是無可比擬的多汁，超級美味。

科西嘉從西元前就開始實行山羊與羊的畜牧，自古就是乳酪的產地。布霍丘乳酪是採用山羊或羊，或者兩種的羊奶所製作，是法國新鮮乳酪（Fresh Cheese）唯一被AOC指定的乳酪。大概只有一月～七月間可以製作，並限定區域與季節。

科西嘉傳統的家庭料理也常使用布霍丘乳酪。例如，把布霍丘乳酪鑲入朝鮮薊或洋蔥、番茄、櫛瓜等，或者作為義大利餃（ravioli）的配料。加入湯中，亦可增加濃厚感。加入歐姆蛋或法式鹹派（quiche），也會有驚人的鬆軟感。因此有「奶油的替代品就是布霍丘」的說法。料理及糕點也經常使用。

尼斯的舊城區撒雷亞大道（Le Cours Saleya）也賣許多科西嘉的物產。有以科西嘉栗子及橡樹子飼養的豬隻做成的煙燻火腿或香腸等加工品、小柑橘（clémentine）無花果及「柿子」（柿子的日文及法文發音都叫 KAKI）等，季節性水果非常豐富。當令的無花果搭配生火腿做為前菜，或是加上大量的蜂蜜做成甜點，都很美味。

為什麼法國人那麼喜歡去科西嘉度假？

從尼斯到科西嘉，搭渡輪只要四小時的距離，我卻沒有去過。直到二〇一三年的夏天，我第一次去科西嘉度假。

從拿破崙出生的西部城市——阿雅克肖（Ajaccio）南下普羅普里亞諾（Propriano），再到與義大利薩丁尼亞島相對望的博尼法喬（Bonifacio），然後沿海岸線北上，再到維琪奧港（Porto-Vecchio）、巴斯蒂亞（Bastia），繞了島嶼半圈。

其實會想去科西嘉最直接的原因是，我有一個好朋友在這裡製作好吃的生火腿，我想去看看他的工坊。還有，科西嘉是法國人度假的熱門地點，回顧率相當高，我想知道是什麼原因。這次探訪科西嘉後，稍微知道原因了。而現在，我自己也會想再去科西嘉度假，它是座很有魅力的島。

要去科西嘉的話，首先，科西嘉與法國的距離，不如義大利的比薩（Pisa）、熱內亞（Genova）來得近。實際上，從尼斯到科西嘉約一百八十公里，而比薩距離科西嘉只有約八十公里，大概不到一半的距離。所以可以了解，科西嘉「是法國卻不在法國」。

早上在住宿處晨跑時，發現跑起來竟然意外的累。要說原因的話，科西嘉的平地很少，多是嚴峻傾斜的斜面。另外因為是島嶼，會讓人有一種海的印象。但實際上，這裡大部分是山，幾乎沒有平坦之地，海的旁邊馬上就是山了。本書開頭提過的最高峰——衫頭山脈

（Monte Cinto）（兩千七百一十公尺），兩千公尺高的山有好幾座，科西嘉比地中海其他島嶼的山都要來得多。儼然是「聳立於海上的山」，平均標高都在五百八十公尺以上。

島上三分之二以上都指定為省立自然公園與保護區，從沿岸夏日乾燥的暑氣到高山地帶的冬雪與極寒，變化豐富的氣候所孕育的原始自然中，科西嘉原生的動植物在此滋長。因此科西嘉被稱為「l'île de beauté」（美麗之島）。法國人選擇這個島嶼度假的第一個原因就是，這裡保留著大自然的原始之美。

法國人一定要來探訪科西嘉的理由

然而，停留在這裡的時間，我發現到除了豐富的大自然之外，法國人愛科西嘉的另一個原因。這個原因是「為了要確認法國人自己的起源（Origin）」。雖然很難表達，在說明前，首先來看看這個島嶼非比尋常的複雜歷史。

科西嘉島從古代就一直為周邊諸國的必爭之地，飽受各個民族與國家操弄。古代是伊特魯里亞（Etruria）人、腓尼基人（Phoenician）等希臘的海上民族，再來是羅馬。羅馬衰退後，又遭受東哥德族及汪達爾（Vandal）族等蠻族的襲擊，居民於是隱身於深山中，過著「黑暗時期」的生活達六百年。以親屬為單位的小型聚落，過著自給自足的生活，不管基督教或是伊斯蘭教都不得其門而入，這個時期的科西嘉人架構起自己獨特的習慣、社會及價值觀等。

中世紀時是比薩共和國、接著換熱內亞共和國的長期統治。現在科西嘉的代表性都市全都是熱內亞統治時期建立的。對於熱內亞極度嚴苛的統治，居民一再反抗，也一再被鎮壓。一七二九年起，開始了四十年動盪的「科西嘉獨立戰爭」，一度宣示要獨立。束手無策的熱內亞最後與法國的路易十五簽訂「凡爾賽條約」（Traité de Versailles），將科西嘉賣給了法國。科西嘉被財政困難的熱內亞政府，以售出的形式，成了法國的領土。

率領獨立戰爭的帕斯夸雷・保利（Pasquale Paoli），至今仍是科西嘉人心中獨立的象徵，並尊稱他為國父。在日本，說到科西嘉，都知道那是英雄拿破崙（Napoléon Bonaparte）的出生地，但對島上居民而言，英雄不是拿破崙，而是保利。之後進入曇花一現的「英國科西嘉王國」，最後，由拿破崙率領的法軍再度將島奪回，成為法國的領土，直到現在。

接下來是我自己隨意推測，我認為今天法國能在世界上擁有各種霸權，是深受拿破崙的獨創生活方式、思考方式所影響。如果這個島嶼出生的拿破崙沒有去（歐洲）大陸發展的話（註：拿破崙後來離開科西嘉，轉向法國本土大陸），就不會有今日的法國存在了。因此對法國人而言，若思考到自己的起源是何處時，一定要探訪之處，就是科西嘉了。

為了確認自己的精神支柱，所以到訪科西嘉。這樣舉例不知道是否恰當，這或許就像日本的伊勢神宮參拜，或是去京都及奈良那樣的古都旅行一樣。

科西嘉島比法國本土優惠？

科西嘉成為人氣度假地的第三個原因是，和法國本土的稅制不同。

一九九五年，當時的歐洲共同體（ＥＣ），為了防止此地的經濟活化不及，因此對科西嘉島採取了減免消費稅、燃料稅、遺產稅等優惠措施。因此，科西嘉的農業人口及漁業人口從九千人增加到三萬人，而觀光客也從五十萬人增加到現在的四百萬人。

除此之外，當然科西嘉獨有的文化及獨創食物的魅力也是原因。一說到獨有的文化，就要提到，若到科西嘉旅行，就會注意到這裡完全看不到紅、藍、白的三色國旗。取而代之的是，英雄保利所設計的科西嘉國旗「摩爾人（Moors）的側臉」。這是獨立的象徵，是島民的驕傲。從食物的包裝到汽車牌照，在島上到處可見。由此可見，科西嘉人有強烈的意識，認為自己是自立的民族，而且持續守護著獨有的文化。

「是法國卻不在法國」的科西嘉

剛剛說明的第一個原因是來訪者深受吸引的豐富大自然，然而，這卻隱藏著一直處於「文明外」的科西嘉，其歷史的另一面。十九世紀後半，法國本土爆發工業革命後，科西嘉還是被忘記其未開發、沒有賴以為生的產業。二次世界大戰後，觀光及農業開發雖有進展，但對當地人而言，資本不活絡、不滿，同時民族主義、國家主義等情緒日漸高漲，一度發展成暴動。

自從科西嘉議會的開設被重視後，就沒有極端的獨立運動了。一方面，重視起獨特的文化，重新認識過去被認為「延遲發展」、「好醜陋」的科西嘉文化等，漸漸有了強烈的改變。例如，科西嘉的官方語言現在是法文，以前的日常用語是與托斯卡尼語接近的「科西嘉語」。他們將法國占領後，特別是復興戰後急速廢除的科西嘉語，從一九八〇年代起，學校已經可以教科西嘉語，電視和廣告等也廣泛使用。而道路標誌也同時標示法語和科西嘉語。

栗子、豬、短灌木叢林帶（maquis）

——自己自足的科西嘉所孕育的食材

對我而言，科西嘉島的第一印象是「香氣」。這種香氣和尼斯是完全不同的。

感覺像是羅勒、西洋蒲公英、酸模、蠟菊、瑠璃苣（borage）、茴香、月桂、桃金娘（mirto）、迷迭香、野生蘆筍、杜松、野生薄荷、鼠尾草、百里香……許多混雜香氣的風在島中飄送。「就算眼睛閉著，一聞到短灌木叢林的味道，就知道是科西嘉了。」據說，這是拿破崙想到故鄉時所說的話。

科西嘉的山及溪谷有各種野生的植物、香草，總稱或是野生灌木叢林帶都叫「maquis」。而科西嘉產的一種乳酪，上頭綴滿香草，可能就是從「maquis」聯想而來的，叫做「叢林之花」（fleur du maquis）。它的模樣很奇怪，很像以前科西嘉人為了從追殺的人或敵人手中逃跑時，將自身隱藏於灌木叢的樣子。

香草當中，肉食料理或湯最不可或缺的是野生薄荷。科西嘉人稱為「Nepita」的香草。沒有這種香草，科西嘉料理可以說就不是科西嘉料理了，是非常重要的香草。常會被人和馬鬱蘭（Marjoram）搞混，看起來很像，香氣卻是不同。

科西嘉料理的傳統反應出島嶼的歷史、人們的生活方式等。因為外來民族入侵，他們從海邊被趕到內陸，科西嘉人過起自給自足的生活。好像緊貼於內陸的山麓或斜面的村莊，遍佈四處。村內各種「家庭料理」就是科西嘉料理。

雖說如此，但是柯西嘉並沒有實行「鎖國」政策。相反的，一直受到周邊諸國許多影響，和其它地方完全相同。科西嘉在熱內亞長期統治之下，受其影響，其料理也使用義大利麵和橄欖油。而有交易往來的馬賽所出產的鹽，至今也仍在使用。

長期過著自給自足的科西嘉人主要的營養來源可以說是栗子和豬肉。為了向此表達敬意，本章介紹代表科西嘉豬肉料理的豬肉鑲物與栗粉製的可麗餅。科西嘉險惡的地形，以及貧瘠的土地，無法種植小麥，取而代之的是，此地孕育豐富的栗子。栗粉做成的麵包和粥，跟土地同樣貧瘠的布列塔尼蕎麥粉一樣，是自古不可或缺的主食。因此，栗子樹又有「麵包之樹」或解救飢餓的「生命之樹」之稱。

中世紀時，栗粉還可代替貨幣使用，對科西嘉人而言，是很貼身的存在。科西嘉的栗子不是一般看到的「栗子」（marron），而是品種較小的「小栗子」（châtaigne）。傳統的點心「栗子餅乾」（castagne），就是以栗粉代替小麥粉製作的餅乾。也製成栗子果醬、利口酒、還有新的栗子啤酒等。

科西嘉的火腿製作是頂極品

這次旅行的目的之一，是去拜訪友人的火腿工坊。他是個很講究的飼主，他的火腿製作，是從飼養豬隻開始。豬隻不是養在豬舍，而是在栗樹林中放養，食物是栗子跟橡樹子，在自然中成長茁壯。

工坊有製作生火腿及煙燻火腿。生火腿先以鹽醃漬，再去鹽，之後於通風良好的地方做乾燥處理。友人說得很有趣，他說他的乾燥室面海，海就近在眼前，因此，海風挾帶的鹽會增添火腿的風味。

煙燻火腿則是將鹽漬過的豬腿肉乾燥處理，之後，將栗樹的木材點火燻過，使其產生煙。栗樹木材要點火，但是溫度不可過高，因為要燃燒久一點。火腿吃起來真的跟其它地方煙燻的火腿不同，特別香味四溢。栗子也好，海風也好，善用身邊大自然的力量，做成美味的食物，由此可窺視科西嘉人生存的智慧。

科西嘉的豬肉或豬肉食品（charcuterie）是全法國最高級的，在法國本土的買賣價格也很高。深山中也有完全野生的豬，也有很多是因長期與野豬交配的，所謂「混血豬」。此地打獵風氣盛行，而其所製成的豬肉食品也是頂級品。

至今，冬天時，山中的村子仍會舉行豬隻與牲畜的解體儀式。此時，男女老少、親戚都會一同聚集，參與將豬隻完全解體加工的傳統儀式。把豬肝剁碎，混合瘦肉跟肥肉，放入腸中煙燻製成的「豬肉豬肝腸」（figatellu di Corsica）是科西嘉的特產之一。北方的村子做出來的豬肝腸，瘦肉與肥肉的比例較多；南方的豬隻因為較瘦，因此豬肝的比例較高，有比較強烈的獨特風味。

豬的耳、鼻、腳等，也會剁碎做成法式肉醬（pâté）。數日的加工作業結束時，就會用加工後的成品來慶祝。聖誕節時，會將甜菜等蔬菜以及大量的香草切細，混合豬血置入豬的胃再燉煮，做成特別的料理，再好好地享用被慎重飼養的豬隻的一切「生命」。

科西嘉人「不能喝湯的話，乾脆跳窗自盡」？

叢林地帶也會有野生的果實生長，果實呈深藍紫色的桃金娘（日本叫做銀香梅）、口感細緻甘甜，外表呈紅色的西洋楊梅（arbouse），主要是做成糖漬水果（compote）、利口酒、果醬。甘甜多汁的無花果，生吃就很好吃，被視為高級的水果，或是做成果醬和乳酪一起享用。

另一方面，不是在山裡，而是地中海沿岸生長的水果代表，那就是枸櫞（cédrat）。跟檸檬相似，但有手掌般大小，外表凹凸不平。酸味很弱，因此常使用於料理或糕點中。有廚師說：「布霍丘乳酪、豬肝腸、還有枸櫞，這三樣是『貨真價實』的科西嘉食材。」

豆類的話，則常使用扁豆及鷹嘴豆來燉煮。順道一提，扁豆是哥倫布從南美洲帶回歐洲的。豆類是此地重要的蛋白質來源。普羅旺斯有種名產，是把鷹嘴豆粉跟橄欖油做成的麵團油炸，叫做「油炸鷹嘴豆餅」（Panisse）。這在科西嘉也有，但通常是使用栗粉或玉米粉。

另外，在科西嘉有個習俗是復活節前的那個星期四不吃肉，以鷹嘴豆湯代替。

科西嘉有個有趣的諺語：「不能喝湯的話，就跳窗自盡！」有沒有嚇一跳？我想現代的日本人也會這麼說吧：「不能喝味噌湯的話，就跳窗自盡！」對廚師而言，總覺得是句耐人尋味的諺語。在科西嘉的餐桌上，湯品的存在非常重要。傳統的科西嘉湯品會把白扁豆、斑豆、洋蔥、紅蘿蔔、馬鈴薯、芹菜、其他的季節蔬菜，連同豬油或生火腿/煙燻火腿、橄欖油、香草、最後加入「spaghetti」（義大利麵的一種）等各種義大利麵，一起燉煮。有義式風格的元素，也和朗格多克的卡蘇雷砂鍋等有共同之處。但只有科西嘉的內容最豐盛，也可以加入自製的番茄泥（purée de tomate）或風乾番茄。

蜂蜜、野味、食用蝸牛（escargot）

——各種科西嘉食材

在科西嘉不使用砂糖，而是用蜂蜜替代。科西嘉的蜂蜜有AOC認定。採用叢林地帶的歐石南花及栗子花等做成的蜂蜜，不只用於糕點，料理也經常使用。

科西嘉受義大利影響，也常吃義大利麵（pasta）、千層麵、義大利餃。加上用豬或山豬、羊、兔等肉類，連同番茄或洋蔥、香草等一起慢慢燉煮成的醬汁來食用。此外，發源於義大利艾米利亞——羅馬涅的義大利麵捲（cannelloni），也是科西嘉的家家戶戶會做的料理。這是一道麵食，將麵皮包入各種配料，捲成筒狀，排在一起，加上醬汁及乳酪放入烤箱烘烤。在科西嘉，傳統的作法則會使用布霍丘乳酪及甜菜等。

肉食料理有豬、山羊、羊及野味。現在也吃牛肉了，以前牛是搬運重物及耕作的，所以不會出現在餐桌上。燉牛肚（tripette 或 trippette）除外，是科西嘉會使用牛肉的傳統料理代表。牛肚（tripette）的法文是 tripe，義大利文是 trippa，日文則是蜂巢肚或是胃袋（胃）。

其他的食材還有食用蝸牛。科西嘉的蝸牛比較小，使用鯷魚，再用洋蔥、番茄泥、月桂、紅酒等做成的醬汁炒成一道料理。還有一道是用科斯嘉野生薄荷提味，再炒過的洋蔥與月桂、辣椒、紅酒，一起燉煮的料理，這兩道都是科西嘉的名菜。

也來說說法國其它地方的蝸牛料理吧。最有名的在勃根地，是用大蒜、青蔥、香芹，用奶油一起炒；普羅旺斯的則是用普羅旺斯茴香酒（pastis，一種含八角、茴香等的利口酒）提味，再和切細的洋蔥及大蒜一起用橄欖油快炒；朗格多克的話，則是與培根一起炒後，和歐姆蛋一起食用。

將製酒文化帶入科西嘉的，是那個令人意外的國家

科西嘉的肉食料理必須搭配科西嘉的葡萄酒。科西嘉沿岸適合種植葡萄，東南西北各個地方都有美味的葡萄酒產區。雖然約兩千五百年前，希臘就帶來葡萄酒，但是除了北端的科西嘉角（Cap Corse）及其周邊，酒的釀造卻從近年來才開始實施。

一九五〇年代，因為政府的農業開發、與阿爾及利亞戰爭（Guerre d'Algérie）爆發，及其伴隨而來的獨立，阿爾及利亞的法國派殖民者，有一部份開始移居科西嘉。他們開始把在阿爾及利亞實行的葡萄農園栽種（plantation）同樣用於此地，從那時，葡萄酒才變成一個產業。此地的酒品質優良，反映出當地人正直熱情的驕傲精神。

科西嘉獨特的葡萄品種，以涅呂克肖（Niellucciu）與司琪卡雷洛（Sciaccarellu）為代表。這兩種名稱，日本的葡萄酒書籍也會寫成 Nielluccio 及 Sciacarello，本書採用此地說法。涅呂克肖與義大利釀酒名地托斯卡尼的葡萄「桑嬌維賽」（Sangiovese）師出同門。北部的帕特里莫尼奧（Patrimonio），以科西嘉珍貴的石灰質土壤栽培，兼具豐厚的果香味與溫和的力道，是顏色明亮的紅葡萄酒。

司琪卡雷洛是科西嘉獨特的花崗岩土壤最適合種植的品種，栽種於阿雅克肖（Ajaccio）等島的西部。名字有「咬起來清脆」的意思，源於其果肉很有嚼勁。其所製成的紅葡萄酒，顏色不濃，但肉質感[1]良好，芳醇高雅，且具凝練的果香，另外，還帶有香草的香氣，彷彿叢林地帶近在眼簾。這些葡萄酒都帶有野性的味道，自然是豬肉料理、野味的最佳組合。

白酒的話，有馬爾伐西亞（Malvasia）品種釀造，清爽微辣的白葡萄酒。蜜思嘉（Muscat）品種所製的科西嘉角葡萄酒，特別是甘甜的科西嘉角麝香（Muscat du Cap Corse）

1 譯註：CHAIR，葡萄酒用語，形容葡萄酒充滿上顎時帶來的圓潤、豐滿的質感。

也很有名。是採用較晚收成，受強烈日照的葡萄，將其乾燥處理，提高糖度後所做成的。有一種柑橘般深沉的香氣，豐厚感在口中散開，帶出平順的甘甜及清爽的酸味，令人心蕩神馳，餘韻久久不散。

科西嘉的餐桌與科西嘉人的團結力

豐富的海鮮也是科西嘉的寶物，魚的品質真的好到驚人。因為是島嶼，利於魚的生長，種類也相當多。鯛魚、條尾緋鯉、鮋魚、還有鮋魚、沙丁魚、石斑、伊勢龍蝦、龍蝦等非常美味。和尼斯一樣，也吃章魚。科西嘉的魚料理比較不像義式水煮魚（Acqua Pazza）那樣的燉煮方式，大多是整隻拿去烤。

越珍貴的魚越有演出價值。首先將香草等塞入魚腹，撒上鹽後，放入烤箱烤。烤完後，不會馬上在廚房分切，而是先亮相給餐桌上的所有客人看。這種亮相，其實是一場表演。之後，再依人數分切給每個客人。這種演出不只限於魚，像烤全小豬也會這樣秀。至於為什麼要特地做這個「儀式」，那是為了讓招待這桌菜的主人顯示其財富及權力。

前面說過，以前只有王公貴族或資產階級的宅邸才有爐灶。以爐灶烤過的魚、肉，秀完分切後一起分享，直到今日的法國、義大利都仍保有這個傳統，這或許是狩獵民族的DNA。同一個族群的人捕獲的獵物就公平分享，共同擁有，增強夥伴間的團結力。這樣的涵義應該就是這個儀式的根源。

我的友人在品牌鞋子「Berluti」的紐約分公司擔任董事。他是科西嘉人。每年夏天一定讓家人回科西嘉約兩個月，自己也會在科西嘉度假兩周。就算那麼遠，也要回去島上，和兄弟、親戚團聚，幾乎每天都大吃大喝。我想，這種強大的團結力的基礎應該就是這裡說的「科西嘉餐桌文化」。

其實要去科西嘉旅行前，我想像科西嘉只是單純的「保有許多大自然風景的悠閒鄉村」。然而，實際踏上這座島嶼，我才發現，不只是大自然，還令人感到歷史的重量與深度。或許這可以重燃法國人的愛國心，令人覺得這裡是塊珍貴的土地。

我因在法國各地旅行，所以讀了許多個地方的歷史。我認為對廚師而言，做出美味的料理雖然重要，理解那些有根源的飲食文化，也同樣重要。可以知道新的事物是非常刺激，又興奮有趣的事。

越接觸法國的文化，就越感到地方的豐富性、越覺得有活力。我想此後，探尋源流之旅會一直繼續下去。

後記

小學五年級時，讀了哥倫布的傳記，因此很憧憬汪洋大海。當我說想成為像哥倫布那樣的人時，母親就說：「這樣的話，成為法國料理的廚師不是更好嗎？」就這樣，我成為廚師的源頭是因為哥倫布。

我比誰都還想第一個把蛋立起來，也設定假說，勇往直前，去挑戰誰都達不到的目標，想要有成果……，直到現在，我還是對哥倫布有憧憬。

到了法國之後，還能持續懷有年少時那種心情，真的很幸福。法國對我而言，是一個不管何時，都令人興奮，都可以有新挑戰的地方。

我第一次去法國時，酒井師傅推薦我，若到巴黎，一定要去「豬腳餐館」（Au pied de cochon Brasserie）光顧。所以我一到巴黎，就立馬前往。

「Au pied de cochon Brasserie」不是有名的三星級餐廳，也不是小酒館（Bistro），而是提供大眾料理的小餐館（Brasserie）。這家店有兩百個以上的座位，但卻座無虛席，即使很晚了，也熱鬧到讓人驚訝。店裡洋溢著客人的笑臉及笑聲，店員俐落地工作著，充滿活力。

這裡一點也不會讓人覺得裝模作樣或是感到難為情。邊看著人們打從心裡享受食物的樣子，邊覺得可以在此窺見法國人飲食的原點。對法國人而言，用餐是一種活著的喜悅，是活著的證明……。

這家「豬腳餐館」可以令人深刻想到法國人對食物的熱情與強力的感激。店名直譯就叫做「豬腳餐館」，我剛踏上法國的第一個門扉就是巴黎的「豬」。

本書以豬肉料理為切入點，比較各地方的豬肉料理並解說，果然與豬在一開始就結下緣分了呢！那麼，看完了十個地方後，應該有什麼感想吧？對於各種地方料理聞名於世的原因是否感到驚訝呢？例如，換成日本的鍋物料理來說，九州的博多水炊鍋（水煮雞肉鍋）、關西的大阪河豚火鍋、關東茨城的鮟鱇魚鍋；東北的話，是秋田的烤米棒鍋，同樣都是聞名於世的料理。不覺得非常棒嗎？

我覺得法國飲食文化的厲害之處在於能將每個地方各自的個性和特性傳到全世界，這也是法國身為農業大國的潛力。我寫這本書的目的，不是單單要介紹法國的魅力給大家而已。還希望可以讓讀者瞭解法國人的生活態度及方法，進而找出身邊可以反饋的線索。

我認為廚師的任務是透過料理，串聯土地與民族的歷史，使其適應時代，並傳承至未來。此事雖任重道遠，但我此後還是會繼續研究法國的地方料理，感謝一切，並透過料理，讓自己的世界更加遼闊。能夠與大家共有、共享我所知道的，真是我最大的幸福。

各位讀者，請多指教。

二〇一四年二月　松嶋啓介

為什麼布列塔尼的豬比人多？

用十道法國經典名菜，從歷史背景、食材風土到地方文化，解讀法國料理的起源與精髓

作　　者　松嶋啟介
譯　　者　王芳薇
責任編輯　莊雅雯
封面設計　劉佳華
內頁排版　張靜怡

發 行 人　許彩雪
出 版 者　常常生活文創股份有限公司
E-mail　goodfood@taster.com.tw
地　　址　台北市 106 大安區建國南路 1 段 304 巷 29 號 1 樓

讀者服務專線　(02) 2325-2332
讀者服務傳真　(02) 2325-2252
讀者服務信箱　goodfood@taster.com.tw
讀者服務專頁　https://www.facebook.com/goodfood.taster

法律顧問　浩宇法律事務所
總 經 銷　大和圖書有限公司
電　　話　(02) 8990-2588（代表號）
傳　　真　(02) 2290-1658

製版印刷　凱林彩印股份有限公司
初版一刷　2016 年 12 月
定　　價　新台幣 340 元
I S B N　978-986-93655-5-0

國家圖書館出版品預行編目（CIP）資料

為什麼布列塔尼的豬比人多？——用十道法國經典名菜，從歷史背景、食材風土到地方文化，解讀法國料理的起源與精髓／松嶋啟介作；王芳薇譯．-- 初版．-- 臺北市：常常生活文創，2016.12
224 面；14.8×21 公分．
ISBN 978-986-93655-5-0（平裝）
1. 飲食風俗　2. 烹飪　3. 法國
538.7842　　105019778